親鸞・信の教相

安冨信哉
Shinya Yasutomi

法藏館

まえがき

浄土教の伝統において、信は、中心的意義を有するものです。浄土宗を開創した法然上人は、

まさに知るべし。生死の家には疑いを所止と為し、涅槃の城には、信を以て能入とす。

（『選択集』三心章）

と述べ、その教学の中心に「信」を置かれました。仏道の成就において、信がこれほど重視されたのは法然上人からであったかと思われます。仏道の実践体系を示す原始仏教の四諦八正道において、あるいは大乗仏教の三学六度において、その項目に信の文字はありません。もとよりこのことは、仏教の伝統において信が軽視されたということではありません。龍樹菩薩は、早く「仏法の大海は、信を以て能入と為す。智を以て能度と為す」（『大智度論』）と説かれています。右の法然上人の指教も、おそらくこの龍樹菩薩のことばに基づいているのでしょう。しかし仏教の歴史のなかで中心をなしてきたものが「行」であったことは、否定できないのではないでしょうか。

法然上人は、その仏道修行の破綻を通して、「行の仏教」の意義を問い直されました。そしてここに「信方便の易行」（『十住毘婆沙論』易行品）、「信仏の因縁」（『論註』上）によって仏道を成就せんとする浄土門の「信」の伝統に出会われたのです。

法然上人を通して、この浄土門の信の伝統を領受した親鸞聖人は、

親鸞におきては、ただ念仏して弥陀にたすけられまいらすべしと、よきひとのおおせをかぶりて信ずるほかに、別の子細なきなり。

（『歎異抄』第二章）

と告白されています。この「ただ念仏」の一言に「よきひと」法然上人の教えのすべてが摂まるとともに、この一言に親鸞聖人の信仰のすべてが尽くされています。

智慧の念仏うることは　法蔵願力のなせるなり

信心の智慧なかりせば　いかでか涅槃をさとらまし

（『正像末和讃』）

親鸞聖人の生涯を支えた原理となり、そして光となったもの、それは、智慧の念仏であり、信心の智慧でした。親鸞聖人の思想的営為は、ひたすら念仏の信心を開き、これを慶ぶという一事に捧げられました。そのことは、親鸞聖人の主著である『教行信証』を貫く精神であり、基調となっています。『御本典』四法六巻の全体は、信心の一点に焦点を結んでいるといっても過言ではありません。したがって、その信の解明は、真宗学において極めて重大な意義を有します。

本書『親鸞・信の教相』は、とくに教相という視座から、親鸞聖人の信にスポットを当てた諸稿を収載した論集です。あらゆる宗教において、信は根幹となりますが、親鸞教学において信は特別な意義があります。その信＝信心の位置とその独自の意味の解明は、祖師に学ぶもの一人ひとりが負うべき課題です。このことについて、近代真宗の暁星である清沢満之先生は、その日記に、

我派安心《あんじん》論の不調なるは、安心、宗義、学説の甄別《けんべつ》せざるにあり。

（『臘扇記』明治三十一年十一月八日）

と記されています。その指摘を一世紀以前に受けながら、私自身において、安心、宗義、学説を「甄別」、すなわちその独自の意義を明瞭化することが不十分であるという感を否めません。「信の教相」について巡らした試考を基に、信の意義を明確にするステップをさらに歩んでいければと願うことです。

親鸞・信の教相　目次

まえがき

浄土の大菩提心—受動の信から能動の願へ—— 59

信の構造—『教行信証』「化身土巻」の視角から—— 79

凡例

一、引用文献、および本来の漢字は、常用体のあるものは、常用体を引用した。

一、引用文献は、以下のように略記する。

『真宗聖典』（東本願寺出版部刊）……………………「聖典」

『真宗聖教全書』……………………………………「真聖全」

親鸞・信の教相

真宗の教相を学ぶ——真宗の大綱——

一、弥陀の誓願不思議にたすけられまいらせて、往生をばとぐるなりと信じて念仏もうさんとおもいたつこころのおこるとき、すなわち摂取不捨の利益にあずけしめたまうなり。弥陀の本願には老少善悪のひとをえらばれず。ただ信心を要とすとしるべし。そのゆえは、罪悪深重煩悩熾盛の衆生をたすけんがための願にてまします。

（『歎異抄』第一章、聖典六二六頁）

一、群萌の宗教—「『大無量寿経』の宗致」—

一　相対真宗と絶対真宗

真宗の教相、すなわち「真宗大綱」を学ぶということですが、浄土真宗には「教相」と「安心《あんじん》」という二つの非常に大切な柱があります。教相とは教学の大きな筋道、安心とはそれを受けとめる人間の心を問題とするものです。

親鸞聖人の浄土真宗を学ぶについて、金子大榮先生は「相対真宗」と「絶対真宗」という言葉を使われています（「諸仏と善知識—二部作『教行信証』（三）—」『親鸞教学』八、一九六六年）。

「相対真宗」とは、社会の中における真宗、あるいは諸宗教や仏教諸派の中での真宗という意味です。仏教学とか、社会学とか、歴史学とか、あるいは宗教学などの方法によって学ぶことが、相対真宗の学びということでしょう。

「絶対真宗」とは、真宗こそが私たち凡夫が唯一の「宗《むね》」であるとし、唯一たのむべき宗であるという意味です。真宗学とは、絶対真宗の学びなのです。

二　真宗を学ぶ二つの視点

親鸞聖人は、「絶対真宗」の内実を、

浄土真宗は大乗のなかの至極なり。（『末燈鈔』一、聖典六〇一頁）

という言葉で語られます。聖道の諸宗にも、大乗至極の教はあるというけれども、とりわけ浄土真宗については「大乗のなかの至極」という言葉で表現されています。つまり、後に形成されます諸宗団の一つとしての真宗ということではないのです。しかし、真宗の絶対的な意味だけで考えていきますと、それは原理主義になってしまうかもしれません。「大乗のなかの至極」を誤解して、「わが宗こそすぐれたれ、ひとの宗はおとりなり」（『歎異抄』第十二章、聖典六三一頁）と、自分たちの信仰を絶対化してしまう危険があります。仏教では「我執」ということを批判しますが、同時に「法執」も批判します。自らにとらわれているだけではなくて、法にとらわれてしまい、法というものの本質を失ってしまうということになりかねないからです。

私たち真宗を学ぶ者は、自らの信仰はこれ唯一と思いつつも、それをもう一つの目で見ていくということが必要です。その上で、他なる信仰に立っている人々をも尊重し、共に一つの宗教的真理をたずねていくことが必要です。真宗ということを一つの宗教的な立場として、思想的に、歴史的に、また社会的に、さまざまな立場から分析する必要があるのです。「絶対真宗」をきちんと学びながら、同時に、それ自身を他の仏教学とか宗教学、歴史学、あるいは社会学とかに照らしながら、自らの立っている位置というものを確かめていく。あるいは歴史的伝承、あるいは思想的伝承として真宗をとらえていく「相対真宗」も必要だと思うのです。相対真宗と絶対真宗の両者は、呼応的な関係の中にあります。この両者の学びが、私たちに求められるわけです。真宗に帰した私たちは、真宗の相対的な意味と絶対的な意味、この二つの意味を同時に学んでいかなければいけないだろうと思います。

三　真宗大綱の文

親鸞聖人は「真宗大綱」について、さまざまな所で表現されています。「大綱」という言葉を辞書で引きますと、「根本的な事柄。おおもと。大要。」(『広辞苑』第六版)とあります。すると真宗の大綱とは、真宗の根本義、あるいは根本組織という意味になるでしょう。まず、親鸞聖人が述べられた、「真宗大綱」の基本となる文を見てみましょう。

(一)「謹んで浄土真宗を案ずるに、二種の回向あり。一つには往相、二つには還相なり。往相の回向について、真実の教行信証あり。それ、真実の教を顕さば、すなわち『大無量寿経』これなり」(「教巻」聖典一五二頁)

(二)「おおよそ誓願について、真実の行信あり、また方便の行信あり。その真実の行願は、諸仏称名の願なり。その真実の信願は、至心信楽の願なり。これすなわち選択本願の行信なり。その機は、すなわち一切善悪大小凡愚なり。往生は、すなわち難思議往生なり。仏土は、すなわち報仏報土なり。これすなわち誓願不可思議、一実真如海なり。『大無量寿経』の宗致、他力真宗の正意なり」（「行巻」聖典二〇三頁）

（三）「ひとすじに、具縛の凡愚、屠沽の下類、無碍光仏の不可思議の本願、広大智慧の名号を信楽すれば、煩悩を具足しながら、無上大涅槃にいたるなり」（『唯信鈔文意』聖典五五二頁）

他にもいろいろあろうかと思いますが、基本的な三つの文を挙げてみました。

（一）は『教行信証』「教巻」冒頭にある有名な文です。『真宗聖典』所載の「教行信証科文」では、ここを「真宗大綱」（聖典九八六頁）と呼びます。これは山辺習学・赤沼智善両氏の見解（『教行信証講義』第一巻、無我山房、一九一三年）を依用したものです。この文では、浄土真宗は回向の教学であり、往相の回向について教・行・信・証という体系が組織され、

それ、真実の教を顕さば、すなわち『大無量寿経』これなり。（聖典一五二頁）

と、浄土真宗が『大無量寿経』を正依の経とする、いわば『大経』に開かれる一宗であると述べられています。

（二）は同じく「行巻」の、いわゆる『正信偈』「偈前の文」の一節です。ここでも、末尾に、

『大無量寿経』の宗致、他力真宗の正意なり。（聖典二〇三頁）

と押えられますが、『真宗聖典』の科文では、『正信偈』の序文として位置づけ、「真宗の綱要」（聖典九九二頁）と呼んでいます。これも「真宗大綱」といえるでしょう。

この文の後に、

しかれば大聖の真言に帰し、大祖の解釈に閲して、仏恩の深遠なるを信知して、正信念仏偈を作りて曰わく、

（「行巻」聖典二〇三頁）

と、『正信偈』製作の理由が述べられています。

また蓮如上人は、『正信偈』は「真宗大綱」を説かれたものであるとされています。

そもそも、この『正信偈』というのは、句のかず百二十、行のかず六十なり。これは三朝高祖の解釈により、ほぼ一宗大綱の要義をのべましましけり。

（『正信偈大意』聖典七四七頁）

このように、「一宗大綱の要義」、つまり真宗の大綱を説かれているのが『正信偈』であるといわれます。親鸞聖人自身は、「大聖の真言」「大祖の解釈」といわれ、「解釈」だけではなくて「真言」にも大切な意味を持たせておられますが、蓮如上人は「大祖の解釈」ということに焦点を当てて、「三朝高祖の解釈」とされたのです。

(三) は『唯信鈔文意』の文です。聖覚法印の書かれた『唯信鈔』という仮名法語の、その漢文の大切な引用文について解説を施されたものが『唯信鈔文意』です。いま例示したこの文は、『五会法事讃』についての註釈で、『大無量寿経』への言及はありませんが、本願の機、本願の機における行信、そして行信の証果ということが述べられ、「真宗大綱」の文といえます。特に「ひとすじに、具縛の凡愚、屠沽の下類」（聖典五五二頁）という言葉は、真宗は誰のための宗教かということを示しています。そこに、「群萌の宗教」ということが出てくるかと思います。

また、親鸞聖人自身の直接の言葉ではありませんが、『歎異抄』第一章も「真宗の大綱」を述べた文といえると思います。

弥陀の誓願不思議にたすけられまいらせて、往生をばとぐるなりと信じて念仏もうさんとおもいたつこころのおこるとき、すなわち摂取不捨の利益にあずけしめたまうなり。

（聖典六二六頁）

このように「誓願不思議」「往生」「念仏」「摂取不捨の利益」といった、教・行・信・証という真宗の根本組織を総論的に述べている所というのは、親鸞聖人の著述の至る所に見出され、どの言葉を通しても私たちは、親鸞聖人の「真宗大綱」をうかがうことができます。その大綱の文を通して「真宗の教相」を、特に『教行信証』（『顕浄土真実教行証文類』）に述べられている教・行・信・証という四法を正確に学ぶということが、私たちにとっては最も大切なことなのです。

四　浄土真宗の立つ場所

「真宗大綱」について、寺川俊昭先生は『真宗の大綱』（文栄堂、二〇〇七年）において真宗の基本語を挙げながら、真宗思想の大枠を概説されています。このように「誓願一仏乗」「難思議往生」、あるいは「誓願不思議」「往生」「信心」といった真宗の基本語について学ぶことが、寺川先生の学びの出発点でもありました。その後、『親鸞讃歌』（東本願寺出版部、二〇〇八年）では、実存的な関心を前面に出して真宗を論じられています。両書を拝見しますと、教学的な関心と共に実存的な関心においても真宗の教相を考えるという、寺川先生のスタイルがうかがえ、真宗の法（教相）と機（安心）、双方の問題がバランスよく論じられていると思います。私自身は、実存論的関心が強い者ですから、実存つまり機（信心）ということに注意して、真宗の教相をたずねてみたいと思います。

まず最初に、先ほどの真宗大綱の基本とした文に基づき、真宗の立場というものを三つに押さえておきたいと思います。

第一　群萌の宗教―「『大無量寿経』の宗致」―

第二　選択本願の行信

第三　大般涅槃道

この三つのテーマに沿って、考えてみたいと思います。

まず最初に、真宗大綱の第一として、「群萌の宗教」についてお話します。先ほど、『唯信鈔文意』に述べられた真宗大綱の文を挙げた時、浄土真宗は群萌のための宗教であるといいました。親鸞聖人は、真宗が『大無量寿経』を所依として、本願の名号を信楽するところに成り立っていることを示し、「煩悩を具足しながら、無上大涅槃にいたるなり」（聖典五五二頁）というように、往生浄土の道という浄土教の伝統的理解から突き進んで「大般涅槃道」ということを説かれます。このように、「群萌の宗教」として真宗を語り、その信仰は「選択本願の行信」であるということ、その信仰の証しは「大般涅槃道」であるということを述べておられるのです。

五　「下類」に自らを重ねられた親鸞聖人

「ひとすじに、具縛の凡愚、屠沽の下類」（聖典五五二頁）と、親鸞聖人がその信仰を端的に述べられた『唯信鈔文意』のこの言葉は、同朋会運動が始まったころより注目されてきたのではないかと思います。また、親鸞聖人七百回御遠忌の時、親鸞聖人の人物像について決定的な影響を与えた赤松俊秀先生の『親鸞（人物叢書）』（吉川弘文館、一九六一年）には、宗祖親鸞、人間親鸞などと共に「具縛の凡愚、屠沽の下類」という、下類としての親鸞像にも注意されているようです。（一三二頁参照）

真宗は誰のための宗教か、本願の正機とは誰かというと、それは「具縛の凡愚、屠沽の下類」だと。この言葉は元々、元照律師の『阿弥陀経義疏』の言葉（「信巻」引文、聖典二三八頁）です。また元照の弟子の戒度が『阿弥陀経義疏』を註釈した書である『聞持記』（「信巻」引文、聖典二三八頁）にもあります。戒度は「屠沽の下類」について、

屠は謂わく殺を宰どる、沽はすなわち醞売《うんばい》、かくのごときの悪人、（「信巻」聖典二三八頁）

と註釈されています。親鸞聖人は『阿弥陀経義疏』を吉水時代よりご存知で、その後、越後流罪、関東移住など、各地でさまざまな人々と交流する中で、「屠沽の下類」という言葉を「いし・かわら・つぶてのごとくなるわれら」（『唯信鈔文意』聖典五五三頁）と受けとめ、殺生を生業とする漁師や不両舌の戒に背く商人という「悪人」こそが本願の正機であると、信仰を深めていかれたものと

思うのです。

「『下類』親鸞」という言葉は、泉恵機先生（「下類と共なる親鸞」『同朋』、一九八八年九月号）が使われたものです。これは河田光夫先生の親鸞論（『河田光夫著作集』第一巻など）と共に、親鸞聖人について考えていく上で、見落とすことのできない視点であると思うのです。

具縛は、よろずの煩悩にしばられたるわれらなり。煩は、みをわずらわす。悩は、こころをなやますという。屠は、よろずのいきたるものを、ころし、ほふるものなり。これは、りょうしというものなり。沽は、よろずのものを、うりかうものなり。これは、あき人なり。これらを下類というなり。

（『唯信鈔文意』聖典五五二〜五五三頁）

「下類」という言葉は、ここに出てきます。そして、

りょうし・あき人、さまざまのものは、みな、いし・かわら・つぶてのごとくなるわれらなり。

（『唯信鈔文意』聖典五五三頁）

と続きます。これは、親鸞聖人が人々と共にいるという意味ですから、「われら」と呼びかけられる親鸞聖人も、共に「下類」というわけです。このように親鸞聖人にとって「われら」、同伴者ともいえるのは、一か所に定住して生活する耕作農民というよりも、猟師・商人という非定住民ではなかったのか。このことが注目されるようになってきたのは、親鸞聖人七百回御遠忌以降、ここ五十年ほどのことではないでしょうか。

私たちが、宗祖として仰いでいる親鸞とはどういう人なのかというと、民衆の底辺まで降り立っ

た、いわば民衆の同伴者であった。大地に立つ親鸞というイメージを、『安城の御影』という親鸞聖人の絵像は、私たちに伝えていると思います。大地に立って、そして真宗を求めている親鸞聖人。私たちが祖師と仰ぐ人物には、大地の上に息づいている野僧の面影があります。いずれにしても、真宗が「群萠の宗教」であるということが、流罪を契機にして、よりはっきりしてきたということができると思います。

六　群萠の「宗」を問う

親鸞聖人は、凡夫の「宗」となる教えとして、法然上人の浄土宗を仰がれました。そして、自らの流罪体験を契機として、生身の凡夫であるということを、より痛切に感じられた。流罪によって自ら生活者になり、生産労働に従事し、狩猟など殺生もしなければいけないという現実に、自ら入っていかれた。その体験的事実が、「具縛の凡愚、屠沽の下類」ということを他人の上ではなく、自らの上に見定め、それを「いし・かわら・つぶてのごとくなるわれら」と受けとめられたのです。

それであればこそ、「禿」という字を名前の上に冠し「愚禿親鸞」と名告られた。生活の現実に追われるという極限状況の中で、法然上人の教えを自らのよりどころ、帰依処として確認されていったのが親鸞聖人の人生であったのです。そして、浄土真宗は「群萠の宗教」であり、その群萠の「宗」となる「教」である『大無量寿経』の正意を明らかにしていくということが、親鸞聖人の大きな仕事であったと思うのです。

二、選択本願の行信

真宗大綱の第二は、「選択本願の行信」です。親鸞聖人は、法然上人において真宗を見出されました。親鸞聖人は、二十九歳の時に聖道門から浄土門に回心されましたが、その浄土門を世に掲げた方が法然上人です。親鸞聖人はさらに、浄土真宗を開かれたのは法然上人であると述べておられます。

一　法然上人の立教開宗

智慧光のちからより　本師源空あらわれて
浄土真宗をひらきつつ　選択本願のべたまう
（『高僧和讃』「源空讃」聖典四九八頁）

親鸞聖人の開かれた浄土真宗は、法然上人と深い関わりあいがあります。ですから、私たちは、法然上人の浄土宗についても学んでおかなければならないと思うのです。このことは、二〇〇三年の安居（『『選択本願念仏集』私記』、東本願寺出版部）において申し上げたことでもあります。

親鸞聖人が「よき人」と仰がれた法然上人は、当時、律令体制の中に公認された八宗から浄土宗を独立させ、立教開宗された方です。加持祈禱や呪術に支配され、仏教諸宗が民俗仏教に転落し、民衆のための宗であることを忘れてしまった末法の時代。このような時代に仏教本来の精神、いわば「純粋仏道」を回復させようと、聖道門の修行の一切を雑行として棄て去り、そして本願念仏一つを立てるという、「選択の仏教」を提唱されたのが法然上人です。ですから、この時代に法然上人が成された仕事は、まさしく日本の宗教改革であったといえるのです。

「立教開宗」とは、教相を立てて宗旨を開くことをいいます。また「立教」とは、他宗を廃して浄土宗を立てる、そこに「宗」を開くという意味を持ちます。「教」については、「浄土三部経」とか「三経一論」といわれます。つまり『仏説無量寿経』（『大無量寿経』）、『仏説観無量寿経』、『仏説阿弥陀経』という「三経」を、正依の経とするわけです。また、「一論」は、『浄土論』（『往生論』）です。一宗を立てるには、どうしても「経」が必要です。「経」の教えによって、「宗」が開かれるのです。その浄土宗立教開宗の書が、法然上人の『選択本願念仏集』（『選択集』）です。

『選択集』について、親鸞聖人は、

真宗の簡要、念仏の奥義、これに摂在せり。（「後序」聖典四〇〇頁）

といわれます。ここでいう「真宗」とは、本当に私たちが依るべき「宗」という意味です。真の「宗」となるものが念仏となって、念仏の教えが具体的な姿をとって『選択集』の中に内在しているということです。また、念仏こそが中心であるということを、法然上人は、

南無阿弥陀仏　往生之業　念仏為本（『選択集』真聖全一、九二九頁）

と総標されています。「標宗の文」と呼ばれるこの十四文字が、浄土宗独立の旗印であり、いわば

浄土宗独立の宣言であると思うのです。

二　真実なる「宗」

法然上人は、律令仏教の諸宗から「寓宗（方便宗）」として扱われていた浄土門を、浄土宗という「真宗」として掲げ、独立した「宗」とされました。

我浄土宗を立つる意趣は、凡夫の往生を示さんが為也。（中略）諸宗の談ずる所異なるといえども、すべて凡夫の浄土に生ずるということを許さず、故に善導の釈義に依って浄土宗を興す時、即ち凡夫報土に生ずという事顕わるる也。

（『一期物語』『法然上人伝記（醍醐本）』所収、『法然上人伝全集』七七五頁）

このように、浄土宗を興したのは、「凡夫往生」を明らかにするためであるといわれます。しかし、法然上人が浄土宗を開宗、独立されたといっても、あえて教団を組織してはおられません。真に依るべき「宗」をはっきりさせることが、浄土宗独立の目的だったからです。

「宗」というのは、本当に人間がいのちを託していくことのできる教え、これを「宗」といいます。法然上人は、南都北嶺の諸宗が、民衆の依るべき宗になっているのかということを非常に疑問に思われた。末法という無宗の時代、名のみの宗になっている時代にあって、真実の「宗」とは何かということを明らかにするために、『選択集』を著されたのです。この書は、法然上人が九条兼実の願いに応じて著されたものですが、その背後には、やはり時代からの要請というものがあったわけです。

「宗」という言葉は、特に中国仏教以来、重視されてきたようで、

　夫れ宗を論ぜば、崇・尊・主の義なり。聖教の崇められ、尊ばれ、主とさるるを名づけて宗と為すが故に。（『大乗法苑義林章』一之本、『国訳一切経』諸宗部二、一三頁）

という言葉があるように、中国仏教では「宗」ということを大切にしています。しかし、末法という時代は、「仮宗」「偽宗」が跋扈して、真の「宗」が見失われている時代です。それで中国仏教では、たとえば善導大師は、

　竊かに以みれば、真宗遇い叵く、浄土の要逢い難し。（『観経疏』「散善義」真聖全一、五五九頁）

といわれます。真の「宗」にあうのは難しいという現実の中で、念仏の教えを「宗」とされたのです。

そのことについて法然上人は、

　善導和尚は、偏に浄土を以て、しかも宗と為し、（『選択集』真聖全一、九九〇頁）

と、善導大師を讃えておられます。浄土こそ真宗、真の「宗」であるということを、法然上人は善導大師によって見出されたのです。法然上人は、自ら「浄土宗を開く、それは凡夫の救われる道がここにあるからだ」といわれますが、それは決して自分から始められたことではなく、偏に善導大師に依っているのだということを、『選択集』の最後の「結勧」のところで述べておられます。

三　選択本願

法然上人に先立って、源信僧都は、

夫れ往生極楽の教行は濁世末代の目足なり。

（『往生要集』真聖全一、七二九頁）

といわれています。しかし、これは、この末法の世に目となり足となる目足の「教」であるということを述べられたものであって、まだ「宗」には至っていません。そのことは、たとえば「和讃」にもうかがえます。

本師源信ねんごろに　一代仏教のそのなかに
念仏一門ひらきてぞ　濁世末代おしえける
（『高僧和讃』「源信讃」聖典四九七頁）

粟散片州に誕生して　念仏宗をひろめしむ
衆生化度のためにとて　この土にたびたびきたらしむ
（『高僧和讃』「源空讃」聖典四九九頁）

親鸞聖人は、源信僧都を「念仏一門」を開いた先達、法然上人を「念仏宗」をひろめた祖師と言い方を換えておられます。

『選択集』の「往生の業は念仏を本と為す」は、元々『往生要集』（『真聖全』一、八四七頁）にあった言葉です。ですから、日本浄土教の夜明けは源信僧都によってもたらされたともいえますが、源信僧都は念仏の一門を開かれ、それを念仏宗、浄土宗として独立させたのが法然上人です。法然上人は、「自ら末法に生きる凡夫である」という痛切な自覚に立って、自ら浄土の教えに帰依して、ここに本当に「宗」となる教え、「念仏」があると見定めて、世にこれを捧げていかれたのです。「選択本願の行信」という言葉は、「行巻」の真宗大綱の文（「行巻」聖典二〇三頁）に出てきます。そこにある「選択」という語ですが、選ぶということは捨てるということと表裏を成します。しかも選ぶというのは、自ら選ぶのではなくて、本願が選ぶというのです。これが、念仏を立て、諸行を廃するという根拠になります。私は、法然上人が登場されるまでは、仏教は個の救いのためにあるということがはっきりしていなかったと思うのです。法然上人の浄土宗独立は、個の救いのための教えがここにあると宣言されたものなのでしょう。そのことを象徴的に示すのが、標宗の文の「念仏為本」です。この浄土宗独立の旗印において「ただ念仏」を説き、日本人の前に本当に信というものを回復していこうとされたのです。

法然上人の仕事は、選択本願の念仏を明らかにすることでした。その念仏の絶対的価値を明らかにしたのが、『選択本願念仏集』です。ここでは、念仏は本願に選ばれた行であり、信であるということを明かされています。本願に選択された道、これが念仏です。ですから、念仏には絶対的な意味があるわけです。その選択本願の念仏について、信というものを明瞭にしていくというところに、親鸞聖人の大きな仕事があります。

法然上人が、純粋仏道を回復されたということは、いわば信を回復されたということでしょう。その信の意義を開顕していくことが、親鸞聖人の仕事です。「開顕」とは、元来天台宗の言葉ですが、隠れているものを開くという意味です。隠れている真理を開くということです。『顕浄土真実教行証文類』の「顕」は、開顕するということです。それは、親鸞聖人の大きな自負をあらわしているかと思います。

四　行信

教行を信じるということを、親鸞聖人は、独特の「行信」という言葉で表現しています。行と信という二つのことではなく、「行信」という言葉一つで、信をあらわしておられるのです。

念仏は行なのか信なのか、法然上人はそのことをはっきりと示されなかったということもあって、法然門下には「念仏は行なのか信なのか」とか、「称名の遍数は如何」とか、「一念か多念か」という論争が渦まきます。「行」は非常に大切なのですが、親鸞聖人においては、その行が、本当の意味での自覚を伴っていなければならないということで、行は法につき、信は機につくとされ、行と信を離さないで「信」を語っておられます。

ですから、浄土真宗の信は、超越的な神や仏を信じるということではなく、名号を離れて信はない。どこかにいる阿弥陀仏を信じるのではなく、南無阿弥陀仏という名号をいただく。名号領受の信ということで、名号を離れて信心はないわけです。つまり、名号が先なのです。

浄土真宗では、信心が大切だということをしばしば「信心為本」といいます。しかし、私は「念仏為本」が基本だと思うのです。念仏が「本」なのです。

弥陀の本願には老少善悪のひとをえらばれず。ただ信心を要とすとしるべし。

(『歎異抄』第一章、聖典六二六頁)

ですから、信心は「要」なのです。信心為本といって念仏がないようでは、法然上人の教えを奉じた親鸞聖人の心に背くと思います。念仏は口で称えるだけではなく、心でいただいていくということがあります。その信が出てくる念仏が大切だと思います。

そういうことで、親鸞聖人は、行信の次第を非常に厳密に受けとめていかれます。行と信を明瞭に分けるということが、親鸞聖人の大切な仕事で、これが『教行信証』では「行巻」の後に「信巻」を開かれる大きな要因になっているわけです。

五　念　仏

次に、「念仏とは何か」ということを問題にしたいと思います。『唯信鈔文意』の真宗大綱の文に、

具縛の凡愚、屠沽の下類、無碍光仏の不可思議の本願、広大智慧の名号を信楽すれば、煩悩を具足しながら、無上大涅槃にいたるなり。(聖典五五二頁)

とあります。ここにある、「広大智慧の名号を信楽すれば」ということ、これが念仏の中身なのです。親鸞聖人は、行と信の分際をそこで明確にされています。法然上人は、とにかく念仏だといわれたわけですが、親鸞聖人は念仏を「広大智慧の名号を信楽する」こと、その名号は選択本願の名

号であり、選択本願の信心であるとされたのです。ですから、親鸞聖人は、真実行については『教行信証』に、

浄土真実の行　選択本願の行（「行巻」聖典一五六頁）

とされ、真実信については、

至心信楽の願　正定聚の機（「信巻」別序、聖典二一〇頁）

とそれぞれ標挙されます。この「選択本願の行」とは、法然上人の教えです。「選択」ということを初めていわれたのは法然上人です。親鸞聖人は行信不離の立場から、たんに念仏すればというのではなくて、名号を信楽すればというように、「選択本願の行信」と説いておられるわけです。

日本に念仏が入ってくるについて、「念仏為本」といわれたのは、法然上人の前に源信僧都がおられますが、源信僧都においてはまだ、本願の念仏というわけではなく、方便の念仏だったと思います。

極悪深重の衆生は　他の方便さらになし
ひとえに弥陀を称してぞ　浄土にうまるとのべたまう（『高僧和讃』「源信讃」聖典四九八頁）

他に救いの手立て、方便がない極悪深重の衆生、そういう他の手立てがない者に対しての方便として念仏があるというのが、源信僧都の念仏です。法然上人も親鸞聖人も、比叡山でそういう念仏の教えをずっと奉じておられたわけです。

では、源信僧都のいわれる「方便」とは、それだけのものなのか。力のない者には、念仏という

道がありますよということなのか。いや、そのようなものではない。本願によって、我々は念仏を通して浄土に生まれることができるのだということで、法然上人は特に善導大師に帰依していきます。源信僧都は、ありがたい念仏の教えを開かれたけれども、極悪深重の衆生が浄土に生まれることができるのはなぜかというと、それは本願によるからだと。本願を通して、我々は南無阿弥陀仏という六字の御名を称えることで浄土に生まれることができる。我が力ではない、本願の力だと。それが本願の念仏ということなのです。

六　本願

「本願」の「願」ということが、非常に重要です。

信は願より生ずれば　念仏成仏自然なり
自然はすなわち報土なり　証大涅槃うたがわず
（『高僧和讃』「善導讃」聖典四九六頁）

源信僧都が方便の念仏を説かれたのに先立って、善導大師は、念仏成仏の背景に「願」を見出されているのです。これを受けとめて「本願の念仏」とされたのが法然上人です。法然上人はこの本願の念仏を、さらに「選択本願の念仏」といわれたのです。法然上人は、「偏に善導一師に依る」（『選択集』真聖全一、九九〇頁）と善導大師に帰依し、本願において私たちは成仏できるといただかれました。この念仏は、いわば本願に選ばれた絶対唯一の行なのだから選択本願であり、他の行はまったくいらない、念仏一つだというのが法然上人の立脚地です。この念仏を、親鸞聖人は「行信」と受けとめ、選択本願の行であり、選択本願の信であるということで、これを「選択本願の行信」といわれたのです。

このように、浄土教の念仏を「方便の念仏」として受けとめられた源信僧都の教えを、法然上人は「本願の念仏」、さらに「選択本願の念仏」と受けとめられ、これを親鸞聖人は「選択本願の行信」といただかれました。「選択本願の念仏」から「選択本願の行信」へ、これが法然教学から親鸞教学への一つの展開なのです。ですから、法然上人の念仏為本に対抗して、親鸞聖人が信心為本を掲げられたわけでも、別のことをいっておられるわけでもなく、同じことをいっておられるのです。その意味で、親鸞聖人が『教行信証』を著された使命は、本当に自ら帰依した念仏の教えの真実義、それを開顕するということです。法然上人は、『選択集』に「念仏の行者、必ず三心を具足すべきの文」（真聖全一、九五七頁）という「三心章」を設け、信心の大切さを述べておられます。そのことを、親鸞聖人は受けとめていかれるわけです。法然上人の立教開宗を、自らの上に仰いでいかれた方、これが浄土真宗の親鸞聖人であったと思うのです。

三、大般涅槃道

一　顕教案宗

私たちは、親鸞聖人の教えに導かれて仏道を歩む道を与えられた者ですから、親鸞聖人が浄土真宗を立教開宗されたと見るのは誤りではなく、否定しようのない事実です。ただ、親鸞聖人自身に立教開宗の意志があったかというと、どうもそうではないのではないか。そういう疑問を投げかけて、私たちに一つの受けとめ方を提示されたのは金子大榮先生です。

金子先生は、「教巻」の、

謹んで浄土真宗を案ずるに、二種の回向あり。一つには往相、二つには還相なり。往相の回向について、真実の教行信証あり。それ、真実の教を顕さば、すなわち『大無量寿経』これなり。（聖典一五二頁）

の文に依って、

しかれば法然に依りて立教開宗せられたものは、親鸞に依りて顕教案宗と領受せられたものであった。まことに法然に依る立教開宗なくば、親鸞における顕教案宗はなかったであろう。されど親鸞は顕教案宗なくば法然の立教開宗も大成しなかったのである。

（「顕教案宗」『親鸞教学』二四、一九七四年）

と、法然上人と親鸞聖人お二人の仕事は一つのことであったと、受けとめておられます。親鸞聖人が教を真実として顕し、その宗義を案ずるという「顕教案宗」の営みが教学ということです。具体的にいえば真宗学です。法然上人の興された浄土宗という「真宗」を、ずっと生涯をかけて学んでいかれたというところに、親鸞聖人の教学の営みがあったわけです。その営みの中で、法然上人の教えへの誤解や曲解という現実に直面していく。あるいは流罪の地や東国の地で民衆の中に入り、得体のしれない俗信が支配する世界で伝道していく。そのことが、親鸞聖人の使命として出てきたわけです。

やはり、浄土真宗は「群萌の宗」となる教えです。これらをあきらかにしていくのが、親鸞聖人の大きな仕事でした。いくら真宗を、親鸞を論じていても、「宗」がはっきりしなければ、それは教養にしかならない。本当に依るべき「宗」がはっきりしないと、知識を身につけていくだけに終わってしまう。そういうことでは、真宗学にはなっていかないと思うのです。

二　共成の仏道

親鸞聖人の時代の田舎人は、本当に粗野な生活の中に投げ出された人々です。親鸞聖人の、その人々への思いは、

いなかのひとびとの、文字のこころもしらず、あさましき愚痴きわまりなき

（『唯信鈔文意』聖典五五九頁）

という言葉にあらわれています。しかし、親鸞聖人は、その「いなかのひとびと」に向けて『唯信鈔文意』や『一念多念文意』をお書きになるのですから、日本中世の民衆の識字率は低いというけれども、読む力のある人もいたのです。その「いなかのひとびと」を親鸞聖人は「われら」と呼んで、共に生きあい、共に感じあい、共に仏道を歩まれたのです。そこに、

普くもろもろの衆生と共に、

（『浄土論』聖典一三八頁）

という「共生」があり、そして共感しながら同時に共に成っていくという「共成」があるのです。それが、共に成仏道を歩むということです。「いずれもいずれも、この順次生に仏になりて」（『歎異抄』第五章、聖典六二八頁）云々といわれます。これは法然上人にはなかった教えではないかと思います。流罪という念仏弾圧事件を契機に、「いなかのひとびと」と交わり、妻子を伴って生活しながら共に成仏道を歩んでいく、これが親鸞聖人の仏道です。

今は、「共生」ということが盛んにいわれています。浄土宗では椎尾弁匡《べんきょう》先生が説かれた「共生き仏教」を契機に、共生ということが盛んにいわれるようなります。しかし、それだけでは十分ではない。共に仏道を成ずるという「共成」、これが伴わないと不十分だと思います。これは木村清孝先生が示唆しておられたことです（「仏教による人間復興の提唱」『佛教徒フォーラム』日本仏教徒懇話会・平成二十一年五月二〇日）。私も親鸞聖人の仏道とは、共生・共感・共成、特に共成の仏道である

と思います。

三　涅槃に直結する信

共生・共感・共成ということは、念仏の信心において成り立つわけです。その信心を取ってしまえば、無意味な口称念仏になってしまいます。信心の伴わない念仏というもの、同時に念仏を伴わない信心というものは、両方とも虚しいものであると思います。

この「共成」ということからわかるように、仏教とは仏の教えといわれますけれども、同時に仏に成る教えともいわれます。「成仏」ということが大切にされるわけです。この成仏ということは、仏教で非常に重要とされるのですが、ただ、法然上人にしても親鸞聖人にしても、成仏とはあまりいわれず、「涅槃」といっておられることが多いと思います。

たとえば、法然上人は『選択集』「三心章」に、

まさに知るべし、生死の家には疑を以て所止と為し、涅槃の城には信を以て能入と為す。

（真聖全一、九六七頁）

と、生死の迷いの家は、疑い、つまり不信というものをよりどころとするといわれています。信における疑という問題を、法然上人は非常に重要な意味があるとされています。本願が信じられない、だから我々は生死に迷うのだというわけです。そして、「涅槃の城」には信をもって入るのだとい

われる。つまり、浄土のさらに彼方に、信心をもって涅槃に直結させていく仏道なのです。

親鸞聖人も、この言葉を非常に重要視され、『正信偈』に、

生死輪転の家に還来《かえ》ることは、決するに疑情をもって所止とす。速やかに寂静無為の楽《みやこ》に入ることは、必ず信心をもって能入とす、といえり。

（還来生死輪転家　決以疑情為所止　速入寂静無為楽　必以信心為能入）（聖典二〇七頁）

といわれます。ここでは、涅槃を「寂静無為の楽」といわれ、「成仏」という言葉づかいはされていません。

もちろん「念仏成仏これ真宗」（「行巻」聖典一九一頁）という言葉は引文としては出されています。また『歎異抄』第三章にも、

煩悩具足のわれらは、いずれの行にても、生死をはなるることあるべからざるをあわれみたまいて、願をおこしたまう本意、悪人成仏のためなれば、（聖典六二七～六二八頁）

と、念仏成仏をいわれますが、親鸞聖人は基本的には仏道の証果を「涅槃」という言葉で語られているのです。

四　大涅槃道

日本の仏教では、一般的に「死ぬ」ということを「成仏」といいますから、親鸞聖人は成仏とい

う言葉を避けられたのではないかとも思います。そして、『唯信鈔文意』では、「煩悩を具足しながら、無上大涅槃にいたるなり」（聖典五五二頁）と、こういう表現をされます。往生するとか成仏するという言葉を使わないで、無上大涅槃に至るという言葉で仏道を表現されています。真宗は、大涅槃に至る仏道なのだということです。

さらにいうと、「大涅槃道」ということです。

「昇進無窮極」というは、昇はのぼるという。のぼるというは、無上涅槃にいたる。これを昇というなり。道は大涅槃道なり。（『尊号真像銘文』聖典五一四頁）

このように、親鸞聖人は「大涅槃道」という言葉も出しておられます。「道」というのは、涅槃に通じていくということです。「道は虚通の義にして涅槃の証の融通無碍なることなり」（吉谷覚寿『尊号真像銘文略述』一四帖左、西村護法館、一九〇三年）、という解釈もされていますが、「道」というのは「通じていく」という意味だと思います。

また、親鸞聖人は、涅槃ということを非常に重要視され、

大信心はすなわちこれ、（中略）証大涅槃の真因、（「信巻」聖典二一一頁）

であると、「信巻」大信釈のところに示されます。「信心は成仏の因」であるというような言い方を、親鸞聖人はされません。

五　親鸞聖人を仰ぐ者として

浄土真宗の仏道における信は、涅槃に直結します。諸宗教においても信は大切にされていますが、涅槃のさとりへと直結するような信ではないのです。多くの場合、信は私たちの欲望を充足するための信になっているのが現実です。伝統的に、日本人の仏教信仰には、ご利益信仰と先祖崇拝が多いといわれますが、それがはたして仏道の信なのでしょうか。涅槃の目覚めに通じるような信なのでしょうか。むしろ、自我充足の信という枠組みから離れられないのではないかと思います。

現在では、先祖崇拝、ご利益信仰すらも若い人たちから受け入れられない、いわゆる世俗化という時代が到来しています。信じるものが無くなった。では、何を信じるかというと、自分を信じるしかない。あるいは、お金を信じるしかない。自分も信じられないと、ニヒリズムになってしまうわけです。ですから、今の若い人たちの多くは、何もなくても自分を信じ、人に優しくして、感謝して生きていこうというような生き方になっています。一方では、自分も信じられず、ニヒリズムに陥るしかない人も多くなっています。そういう若者に向かって、私たち真宗の教えを聞いている者は、親鸞聖人の生涯を仰ぎながら、どういうメッセージを発信していくか。「発信」という言葉も重要だと思います。信を発するわけですから。

皆様は、地元に戻られたらそれぞれの仕事に携わっていかれるわけです。「随処に主となす（随処作主）」という言葉が、禅宗の『臨済録』にあります。「随処に主となす」というのは、どの場所にあっても、その場所に随って主体的に仏法を学べば、いかなる境遇にあっても主体的に動くことができるという意味だと思います。自らが、主体的にそれぞれの場所に生きる道を、仏法に学んでいっていただければと思います。

私たちは、真宗の教相を押さえて信心とか念仏について語っていかないと、勝手なことを言いっのることになると思うのです。そういう意味で、真宗の教相を学ぶということは、非常に重要だと思います。これをしっかり学んで、それに立脚して、歩みを続けていただければと思います。

信の動態

それ以《おもん》みれば、信楽を獲得することは、如来選択の願心より発起す、真心を開闡することは、大聖矜哀の善巧より顕彰せり。

しかるに末代の道俗・近世の宗師、自性唯心に沈みて浄土の真証を貶す、定散の自心に迷いて金剛の真信に昏し。

ここに愚禿釈の親鸞、諸仏如来の真説に信順して、論家・釈家の宗義を披閲す。広く三経の光沢を蒙りて、特に一心の華文を開く。しばらく、疑問を至してついに明証を出だす。誠に仏恩の深重なるを念じて、人倫の哢言を恥じず。

（『教行信証』「信巻」別序、聖典二一〇頁）

一　親鸞聖人の信の性格

今年は、金子大榮先生の三十三回忌の年にあたります。先生は一九七六年、昭和五十一年十月二十日に還浄なさいました。今年は、そういったことでたびたび思い出すことがあります。私はあるとき、友人と一緒に金子先生のお宅を訪ねて、信心と疑惑という問題についてぶしつけな質問をしたことがありました。その時、金子先生は、

疑いを捨てて念仏せよというのではない。念仏してはじめて疑いに気づくのである。それが第二十願である。疑いが道を開くのです。信じて初めて極難信であるとわかります。

と、教えてくださいました。それによって、真宗の信心とは、念仏の信心であると確認し、念仏を申すことが真宗の信心であり、その念仏の中で自らの疑惑の深さが思い知らされると教えていただきました。さらに、疑惑が生じるのは、信心の道で必然的な出来事であり、そこに積極的な意味があるとして、真宗の信心は、疑いに気づく信、目覚めの信であると教えていただいたわけです。

真宗では信心といいますけれども、近代では「信仰」という言葉で表現されることが少なくありません。近代の真宗の念仏者であり、大谷大学の学祖に清沢満之先生がおられますが、先生は「信仰」という言葉をしばしば使われます。先生は、世間一般に通有している言葉を使って、真宗の信心を説明しようと思われたのでしょう。信仰という言葉には、何かを仰ぐという意味が伴うかと思

います。中世の歌人に西行がいます。旅の折り伊勢神宮に参拝したことがあったようです。近くに五十鈴川が流れています。その向うに神宮の杜があり、そこには僧侶は入れなかったようですが、そこをはるかに仰いで、

なにごとの　おわしますかはしらねども　かたじけなさに涙こぼるる

という句を詠んだと伝えられます。杜は、神が降りてくるサンクチュアリで、それを仰ぎみて詠ったのでしょう。ここからも、仰ぎみるような信仰的な「信」のひとつの例を見ることができるのではないかと思います。

この「信仰」という語は、仏教の伝統のみではなく、浄土真宗の宗教的伝統においても、近代以前にはほとんど用いられていないように思います。親鸞聖人の語例をきちんと調べたわけではありませんが、そういう使用例はないように思われます。しかし、浄土真宗において、こういう例がひとつもないわけではないようです。

さては開山聖人の御再誕と、それより信仰もうすことにそうらいき。

（『蓮如上人御一代記聞書』一二、聖典八五七頁）

という語例もあります。空善房が、蓮如上人について夢の中で親鸞聖人が目の前に再誕したという信仰体験をして、それから信仰の心を深くしたといわれます。また蓮如上人には、

信のうえは、崇仰の心あるべきなり。

（『蓮如上人御一代記聞書』一〇九、聖典八七五頁）

という言葉もあります。ですから、浄土真宗の信心を、広い意味で「信仰」ということも、必ずし

も間違ってはいないのではないかと思います。

ただ、この語は、日本では、キリスト教の信徒に多く用いられます。キリスト教の人々は、「信心」とか「信念」といった言葉を使うことは稀なのではないかと思います。「信仰」という言葉が、日本でクリスチャンに用いられるようになったのは、おそらく近代、明治になってからで、アメリカからキリスト教が入ってきて、faith の訳語として積極的に用いられるようになったのではないかと思います。

英語には「信」という言葉を用いるについて、いろいろな言葉があります。代表的なのは、faith と belief です。この二つの言葉については、アメリカの宗教学者のスミスという学者が詳細な研究をしていますが、その中で、信仰の意味である faith は、「深く豊かで、また人格的なもの」であり、信念の意味である belief は、「ある思想を保持することである」といわれます（Wilfred Cantwell Smith "*Faith and Belief*" Introduction, Princeton University Press 一九七九）。信仰（faith）とは、どこまでも宗教的な概念で、人間をはぐくみ、育てる深い豊かな言葉ですが、信念（belief）は必ずしもそういう意味ではなくて、ある特定の考え方、見方の強固な確信を意味している。そうとらえることにより、スミスは、信仰について広い意味で解釈しています。ですから、キリスト教に限らず、あらゆる宗教、仏教、イスラム教、ヒンズー教などの例を挙げて、faith というものの本質をたどっているのです。これは、信仰を広義に見ている立場です。

ところが、浄土真宗で信心という場合は、「信仰」という言葉が使われることがないわけではないのですが、faithでは「私が何かを信じる」というように、「私」と「何か」という二元的な関係が生じます。真宗の信心は、私が破られ、そして本願に目覚めていくという一面が強いのです。信心は、そういう自己覚醒といいますか、目覚めの体験であると思います。そういう意味では、信心はキリスト教的な信仰とは異質な信ではないかと思います。

そういうことから、真宗の信心をキリスト教的な信仰、すなわちfaithと本質的に異なるものであると見る立場も出てきます。親鸞聖人の著述には、この「信」という言葉がさまざまに熟字されて出てくるわけですが、この「信」という言葉を英語に訳すときに、果たしてfaithという言葉が適切であるのかということが、常に問題になります。この議論のいきさつについては、ここにお越しの武田龍精先生が詳しく研究されています。現在本願寺派で、浄土真宗の「信」という言葉を英語に訳すときには、「shinjin」とローマナイズしていることが多いように思われます。かつて仏教がインドから中国に入ったときにも、対応的概念が中国にない場合には、原音を残すという例があります。我々が使っている「仏陀」という言葉などは、もともと「Buddha」という言葉です。そのように中国に存在しない概念については翻訳しないでおくという原則もありました。このように、原音を残してあえて翻訳しないというのも一つの見識です。しかしながら、翻訳しないと伝わらないという問題も逆にあるわけです。

もう十数年前になりますけれども、アメリカのコルゲート大学の神学部、チャペルハウスの教授で、カーター（John Ross Carter）博士という方が、この問題について龍谷大学と大谷大学で講演されたことがありました。カーター博士は神学者でしたが、また仏教の研究者でもあり、スリランカで学び、『法句経』を英語に翻訳してオックスフォード大学から出版されるなど、いろいろな著述がある方です。同時に仏教に関する著述をしただけではなくして、仏教者と対話するといいますか、そういう立場に立ち、相互理解のために尽くされた方でもありました。カーター博士は、浄土真宗の二種深信に特に関心を持ち、その講演の中で、

親鸞は、善導の教言を通して、ひとつの非常に大切な内観についてみさだめました。善導によれば、深信とは「真実の信心」です。（中略）この心、このふかく、たいへんに内観的な心は、（i）人間が自己自身根源的に無力であり、自分のいのちの箍《たが》がはずれ、散乱する煩悩にしばられ、バラバラで歪んでいることを知ります（機の深信）。と同時に、（ii）このふかい心は、救済真理を知ります（法の深信）。これは、創造的な媒介的覚醒です。これによって、ひとは、自殺することなく、真実に自己自身を知り、自己を破壊しようとすることなく、また自己を抑圧したり圧迫したりせずに自己の現実をみることができるようになります。

（「信心——“faith”以上のものを意味するか？——」『海外における仏教研究の方法と課題』六一頁、大谷大学真宗総合研究所、一九九三）

と、話されたことがあります。この機の深信は、いうまでもなく、自力無効という自己否定の目覚めです。一方、法の深信は、この目覚めをくぐって本願を仰ぐという、これも一つの目覚めです。このの目覚めの論理をカーター博士は、「創造的な媒介的覚醒」といわれます。このような浄土真宗

の深い信心の伝統に注目することから、カーター博士は、信心をfaithに翻訳しない方がよいという見解を示されました。信仰というものを狭い意味で厳密に見ていくときには、浄土真宗の信心という概念は簡単に翻訳できないということになります。

二　信の動態の二局面

カーター博士の二種深信の了解に触れてみましたけれども、「創造的な媒介的覚醒」と表現されたように、信心は、機の深信と法の深信が相互に媒介しあって私たちの目覚めを深めていくという、非常にダイナミックな教えです。私はこの信心のダイナミクスを「動態」という語におきかえてみたいと思うのです。この「動態」という言葉は、辞書では、「動く状態、変動している状態」等々、「静態」に対応して「活動している状態、時間とともに変動している姿」と、このように記されています。「人口動態」という私たちに親しい言葉もあります。社会学で使われている用語ですが、私は思想的な意味において、親鸞の信心は動態的、ダイナミックであると思います。このダイナミックという言葉は、諸先学にも用いられているように思われます。

寺川俊昭先生には、『親鸞の信のダイナミックス―往還二種回向の仏道―』という著書があります。寺川先生は、最初『清沢満之論』を、そして『歎異抄の思想的解明』から『教行信証の思想』に進まれます。思想的解明からさらにダイナミクスという方向へと展開し、信のいきいきとした動きに注意して研究を深め、やがて『親鸞の信のダイナミックス』という書物に結実していくわけです。

また、大峯顕先生には、『親鸞のダイナミズム』という著書があります。先生には、以前『親鸞のコスモロジー』という著書がありましたが、親鸞の宇宙から動きへと視点を動かしていかれたことが窺われます。構造的に解明していくことから動きに展開していくのは、何か示唆的な感じがします。これも以前のことですが、若手のある哲学者の方が、『構造と力』という本を出してベストセラーになったことがあります。難しい本ですが、構造と力が関係し、構造が、やがて力動的に解明される。静態的にとらえられているものが、動態的にとられていく。そういうひとつの流れがあるかと思われます。構造から力への脱構築的な展開だと単純に受け入れていった場合には、寺川先生のダイナミックス（動態性）、そして大峯先生のダイナミズム（動態論）という書名も、その流れの中にあるかと思われます。私には、『親鸞・信の構造』というささやかな論文集があるのですが、信心を「構造」だけでとらえてしまうと、静態的に、スタティックにとらえているにすぎないので、やはりもっと動態的にとらえなければならないのではないかと反省しています。

動態的にとらえるというのは、先哲によっていろいろ示されてきたことであり、ことさら私が取りあげることではないのかもしれませんが、私がなるほどと思った先哲の一例として、鈴木大拙先生の『教行信証』の翻訳があります。鈴木大拙先生は、西洋に禅を紹介したパイオニアとして有名ですけれども、北陸の金沢、臨済宗の檀家に生まれられました。北陸一帯といえば永平寺の影響が強かったところですが、一方蓮如上人の影響も強いところです。そういう場所に育たれたせいか、大拙先生は早くから真宗の影響も受けておられました。そして米国ですごしたあと、明治の終わりころに日本に帰り、大谷大学に招かれたことから真宗と縁を持つようになられたのです。

晩年には『教行信証』の全六巻のうちの前四巻、教、行、信、証の四巻を英語に翻訳されました。親鸞聖人の七百回御遠忌を記念して、出版が企画されました。一九六六年に大拙先生はお亡くなりになられたのですけれども、その四年後の一九七〇年に刊行されたのです。当時は、山本晃紹先生の訳が一つあったと思われますけれども、大拙先生による『教行信証』の翻訳ですので評判を呼び、その後東本願寺から完全な訳が出版されました。

鈴木大拙訳の『教行信証』は、タイトルが "The Collection of Passages Expounding the True Teaching, Living, Faith and Realizing of the Pure Land" となっています。『教行信証』は、「顕浄土真実教行証文類」という原題ですが、ここには「信」の字が入っています。なぜここに、信（faith）の字が不自然に入ったのかについては不明です。おそらく『教行信証』の通称で入っている信の字をあえて入れたか、または編集の過程で入れたのでしょうが、やはりはずすべきでなかったかと思われます。ただし注目されることは、「教巻」「行巻」「証巻」共に、動名詞形の -ing で表題されていることです。動名詞は、名詞として用いられる動詞の -ing 形ですけれども、教、行、証それぞれを teaching, living, realizing というように、動名詞形にされています。ここに大拙先生の動態的な、ダイナミックな理解が窺われると思うのです。

本願寺訳のほうは、"THE TEACHING, PRACTICE, AND REALIZATION OF THE PURE LAND

WAY" と翻訳されています。ここにはオーソドックスな訳語があてられています。これに対して大拙訳は非オーソドックスな訳です。オーソドックスな見方にとらわれないで、個性的な表現をとっているのが大拙訳の特徴です。先程もちょっと問題にしたのですが、信心にこの faith という言葉を当てたことにはいささか問題が残り、ここには議論の余地があるのではないかと思われます。先生は、信心を広い意味で取り、faith という言葉を当てられたのです。先生の基本思想には、「即非」の論理と霊性的自覚という二つの契機があります。大拙先生は、信に faith という言葉を当てられたのですが、そこには内容的には霊性的自覚というものがこめられていると取るべきではないかと思います。よく用いられる entrusting という語は、「たのむ」というニュアンスは出てきますが、「目覚め」という意味は出てきません。その意味では、信に faith を当てたのは妥当です。

しかしこの faith には、不便な点があります。一つには、キリスト教のにおいが強いということと、動詞形がないことです。大拙訳では、そこのみ -ing がつかないわけです。親鸞聖人の信心が動態的であることからしますと、faith という訳語には制約があるように思われます。

今回、親鸞聖人の信心のダイナミックス、あるいはダイナミズムについて確かめたいという意図をもって私は「動態」という言葉を使っていますが、この動態という言葉には、二つの局面があるように思われます。第一には、信心が因縁の催しによって発起されるという局面、信心が発起する根源にある願心の動態。信心が外部にあらわれる内側の事態です。第二には、発起した信心が現実の場で応じていくという局面。信心が我が身の上にあらわれて、それが外に向かって動いてゆく、つまり応動していくという局面です。信心が内部から外部に顕現し、外側に向かって行証していく状態です。このように、信心が発起する背景となる願心の力（内なる動態）と、その信心が外側に向かっていく力（外なる動態）という二つの局面が想像できるのです。

私は中学生のころ、英語の文法の授業で受動態と能動態という言葉を教えられました。受動態（passive voice）と、能動態（active voice）です。受動態は、文法で、文の述語が、主体自身が他から受ける動作・作用をあらわす形式であり、能動態は、文の述語が、主体自身の積極的に動作・作用をあらわす形式であるといわれています。これを信心に適応するのはふさわしくないかもしれませんが、信心にもこの受動的側面と、能動的側面があるように思われます。

三　『教行信証』「信巻」にみる信の動態性

信心というテーマについて、親鸞聖人が主題的に取り扱っておられるのは、『教行信証』の「信巻」です。昨年（二〇〇七）私は宗門の安居で、『教行信証』「信巻」を講究したのですが、親鸞聖人の信心の力動性といいますか、動態性に強く印象づけられました。そこで講録の中の一節に、

いま本願成就文の説示に眼を転じてみると、本願が現に生きて働いているという信心の動態的局面は、親鸞が記すいくつかの釈義に見事に表現されているように想われる。

（『真実信の開顕』一三五頁、東本願寺）

と記したことです。成就文の部分で、こういう印象を記したのですけれど、「信巻」のさまざまな場面で信心の動態性を印象ぶかく思いました。いま『教行信証』の「信巻」を俯瞰することは到底できませんので、「顕浄土真実信文類序」を一瞥して、親鸞聖人の信心観の動態性の一端を窺ってみたいと思います。

仏典におきましては、「序」は非常に重い意味を持っています。法然上人は、

それ序は、預略して一部の奥旨を述べて、以って部内の元意を示す者也。

（『往生要集料簡』真聖全四、四一〇頁）

このように『往生要集料簡』の最初に述べておられます。「序」は、本論のエッセンスを略して述べています。そういう意味では、「信巻」の序文は「信巻」の縮図とみることができるのではないかと窺われます。なぜ「信巻」に序文がつけられたのかということについては、いろいろな説があります。

「信巻別撰説」という、結城令聞先生の非常に有名な学説があります。存覚上人は、『教行信証』の最古の註釈書である『六要鈔』の中で、

これ安心の巻、要須たるが故にこの別序あり。

（『六要鈔』真聖全二、二七四頁）

と述べておられます。「信巻」は、特に大切な一巻であるから、わざわざ序文がおかれているのです。そしてそれは、「総序」に対応させて「別序」と呼ばれます。「別序」という呼称は一般的で、諸先生方もよく使われます。桐渓順忍先生、あるいは星野元豊先生の『教行信証』の講義を一瞥し

ても、やはり「別序」という言葉を用いておられます。ですから、この「別序」という言葉で、この序文の内容を見てみたいと思います。

親鸞聖人の信心観の動態には、受動態としての局面と能動態としての局面の二つがあるのですが、「別序」を拝読する時に、科文の分け方がいろいろあります。たとえば、前半と後半に分けた場合に、その前半の部分は受動態的な局面について、後半の部分は能動態的な局面について述べられているように思います。この受動態的な叙述の局面について、

それ以みれば、信楽を獲得することは、如来選択の願心より発起す、真心を開闡することは、大聖矜哀の善巧より顕彰せり。しかるに末代の道俗・近世の宗師、自性唯心に沈みて浄土の真証を貶す、定散の自心に迷いて金剛の真信に昏し。（聖典二一〇頁）

と記されています。ここに「それ以みれば、信楽を獲得することは、如来選択の願心より発起す」とありますが、弥陀・釈迦二尊の大悲のはたらきがあると述べられます。「如来選択の願心」とは弥陀であり、「大聖矜哀の善巧」とは釈迦のことですが、この力動によって衆生に信心が発起するといわれています。ここに獲信のダイナミズムがあります。

寺川俊昭先生の『親鸞の信のダイナミックス』は、こういうような獲信の道理を二種回向論として明らかにされたものであるかと思います。信心の獲得は、衆生の立場においては受動性においてあるかと思います。受動性については、『広辞苑』には、「自発性に対して、他よりの作用を受け入れる性質」と、こう記されています。これを「別序」の文脈の上でみますと、信心が発起するとい

うことは自発的な行為ではなく、全くこれら二尊の大悲の催しによるということが明説されます。ここに信心が「他力の信心」であるといわれる所以があります。大悲の願心が動因となって、衆生の信心が発起するのです。二尊の大悲の催しは、いわば信心の能動因ということもできるのかもしれません。一方、信心の動向を世間に窺ってみますと、「末代の道俗・近世の宗師」は、この信心の受動性という道理に暗くて、「自性唯心」あるいは「定散自心」に沈んでいるといわれます。そこには、真の意味での目覚めがないのです。「自性唯心」は、教えとしては誤ってはいないのかもしれないけれども、それに沈んでしまうと、夢を見るわけです。信仰において、夢をみてしまうという立場でしょう。一方、「定散自心」は、これに迷うと、本当の意味での自覚、目覚めから逸脱していくのです。ここに悲しむべき信仰の現状があります。これを自力心と表現することができると思いますが、その自力心には真の能動性はなく、真実の能動性は徹底した受動性に依っているのです。「末代の道俗・近世の宗師」は、この誤った能動性にとらわれていると、このように受け止めることができます。

以上、「信巻」の「別序」の前半を窺ってきましたけれども、今度は「別序」の後半におきましては、この真実の受動性においてこそ、真実の能動性が出てくるということが述べられているように思います。そこのところを見てみますと、

ここに愚禿釈の親鸞、諸仏如来の真説に信順して、論家・釈家の宗義を披閲す。広く三経の光沢を蒙りて、特に一心の華文を開く。しばらく疑問を至してついに明証を出だす。誠に仏恩の

深重なるを念じて、人倫の哢言を恥じず。浄邦を欣う徒衆、穢域を厭う庶類、取捨を加うといえども、毀謗を生ずることなかれ、と。
（聖典二一〇頁）

といわれています。

「諸仏如来の真説に信順して、論家・釈家の宗義を披閲す」といわれていますが、これは徹底した自己否定の立場に立っていることを告げる言葉です。ここには自分、個人を交えない純粋に受動的な立場が貫かれています。しかしこの受動性においてこそ、真実の能動性が出てくるわけです。「受動性」に対応する語として、辞書で挙げられているのは「自発性」ですが、この自発性につきましては「他から教示され、また影響されるのではなく、内部の原因・力によって・行為がなされること。自動性」と『広辞苑』には記されています。ここでいう原因、力、これこそが信心であり、二尊の大悲に催された心です。信心は、本願に随順する心であり、ここに自発性、また自展性が出てくることになります。親鸞聖人は、「特に一心の華文を開く。しばらく疑問を至してついに明証を出だす」と述べておられます。「明証」とは、大いなる「目覚め」です。

この「目覚め」は、「信巻」の本文の主題となる、「本願三心・機受一心」という目覚めです。即ち、至心・信楽・欲生の願心が衆生の機の上に一心として成就するという深い自覚です。本願の超越的な三心が、衆生の上に一心として内在するという驚くべき真実です。この三心即一心の道理に「明証を得た」ということにおいて、親鸞聖人は他力の真実の絶対性というものを確信し、「人倫の哢言を恥じず」とここで記しておられるわけです。この「哢言」の中には、法然上人に対する非難、その中の一つには、明恵上人の『摧邪輪』における非難が含まれているように思われます。しかしこの「明証」を通して、親鸞聖人は、一心として成就した信心の能動性を積極的に「信巻」において説いていかれることになるのです。

四　信心の能動性

私たちが信心を獲得する、あるいは仏法の道理に目覚めるという背景には、さまざまな事由があります。仏法を聞ける場所に生まれる、あるいは自分の身近なところに仏法に帰依した善知識と呼ばれるような人がいるなど、そのようなさまざまな因縁のお陰で我々は念仏する者になるわけです。さまざまなご縁に促されて、信心を獲得する。この獲信の因縁、信心獲得の因縁を親鸞聖人は、「別序」の冒頭で、偏に弥陀・釈迦二尊の大悲の恩徳によると教示しておられるわけです。この信心の道理を、私は「信心の動態」という視点から確かめてきたことです。

繰り返すことになりますが、この信心が発起するという事態は、私たち凡夫の自発的な行為ではなく、全く因縁の催し、親鸞聖人の言葉でいえば「二尊の大悲の催し」に由ります。自発的な行為ではない。それは、徹底した自己否定において成り立つことであり、そこに随順性というものがあります。この随順的な立場を、私は受動性と述べたのです。かつて、田辺元という京都学派の哲学者がおられました。先生は、この自己否定的、随順的、受動的な立場を、「懺悔道」と呼んでおら

れます。親鸞聖人の思想を、この立場から探求したのが『懺悔道としての哲学』です。先生は、その書の序文の一節で、

絶対は、かように相対の否定であり転換であるから絶対無と規定せられる。その無が私を復活せしむるにより、私には無即愛として体験せられるのである。あるいは絶対否定の大非即大悲として証せられるといってもよい。私はかくして懺悔の行信において絶対の他力による転換復活を証する。

（『懺悔道としての哲学』「序」、四頁、岩波書店）

と述べています。あるいは、

本願の大悲は絶対転換の大非として現れるのである。絶対転換としての絶対否定の行、絶対無のはたらきたる大非が、救済の大悲として信証せられるのが他力信仰の核心であるといえよう。

（『懺悔道としての哲学』第一章、八頁）

といわれます。懺悔とは、徹底した自己否定です。田辺先生は、親鸞聖人の信心の中に、懺悔の心が貫かれていると見定め、そのような親鸞聖人の道を歩むことを、「懺悔道」という言葉で呼んだのです。そういう意味では、「懺悔道」とは「自己否定道」といっていいかもしれません。しかし、先生は、この懺悔道を、親鸞聖人の立場に留めることなく、やがてキリスト教の「愛」の立場にシフトしていくことになります。ただ本願を「絶対否定の大非即大悲」と見定めて、これを「絶対の他力」というように、信を動態的に見たということには、やはり深い意義を見出すことができるように思います。田辺先生は、本願の大悲について、「絶対無」「無即愛」「大非即大悲」などと述べ

て、この真実に目覚めることが「懺悔の行信」であると説きます。このような自己覚醒の体験は、信心の動態の重要な一面を見事に語っているように思われます。

とりわけ『教行信証』「信巻」は、「三心一心問答」がハイライトになるかと思いますが、ここにおいて明らかになった機受の一心は、さらに能動的に展開していくことになります。「信巻」には、「大信嘆徳」という一節で、

おおよそ大信海を案ずれば、貴賤・緇素を簡ばず、男女・老少を謂わず、造罪の多少を問わず、修行の久近を論ぜず、行にあらず・善にあらず、頓にあらず・漸にあらず、定にあらず・散にあらず、正観にあらず・邪観にあらず、有念にあらず・無念にあらず、尋常にあらず・臨終にあらず、多念にあらず・一念にあらず、ただこれ不可思議・不可説・不可称の信楽なり。たとえば阿伽陀薬のよく一切の毒を滅するがごとし。如来誓願の薬は、よく智愚の毒を滅するなり。

（「信巻」聖典二三六頁）

といわれます。親鸞聖人は、信心を「大信海」と表現しています。そして、ここでは、「貴賤・緇素を簡ばず、男女・老少を謂わず、造罪の多少を問わず、修行の久近を論ぜず」という四つの不と「行にあらず・善にあらず」から始まり、「臨終にあらず、多念にあらず・一念にあらず」というように十四の非によって、一切の分別的な立場、二元論的な立場を順々に否定します。この展開のプロセスにも理由があるのであろうと思います。ともあれ自力の否定をくぐって、改めて他力の信楽の絶対性が説かれるわけです。「智愚の毒」という語は、分別的な立場、二元論的な立場を象徴す

るかと思います。信心は、衆生即ち凡夫の上に、田辺先生のいうように、大非即ち絶対否定としてはたらきます。今の一節は、そのことを畳み込むように順々と説いています。しかしその大非、絶対否定といわれる「不可思議・不可説・不可称の信楽」は、衆生を無化してニヒリズムへと落とし込むようなものではありません。むしろ信楽が、衆生の上に成就することにおいて、それが能動的にこの迷いの世界を超えしめるはたらきとなっていきます。したがって、この信楽をさらに続けて転釈していく中で、

「横超」は、これすなわち願力回向の信楽、これを「願作仏心」と曰う。願作仏心は、すなわちこれ横の大菩提心なり。これを「横超の金剛心」と名づくるなり。（「信巻」聖典二三七頁）

と、こう釈しておられるわけです。ここに「絶対否定の大非の心」は、絶対肯定の「横の菩提心」「横超の金剛心」として衆生の上に現前することになります。

おわりに

親鸞聖人が教えられる信心は、カーター博士が二種深信を通して指摘してくださったように、「創造的な媒介的覚醒」であり、そこにキリスト教の信仰とはやや異なる独自の意義を見出せます。『教行信証』の「信巻」をみますと、その意義は非常に動態的に探求されていることがわかります。一つには信心の内にはたらく願心の動態、そして二つには信心が外に展開する行証の動態と、その

両局面が見事に説かれています。私はこの信心の二つの側面、受動的な側面と能動的な側面について、「信巻」の「別序」の一節に垣間見たことです。また、「信巻」の本文において、この信心は私たちの上に否定の論理となって現前するとともに、私たち凡夫が迷いの世界を超えていくというそのダイナミズムを、わずかながらたずねてみたことです。二〇世紀の著名な神学者にティリッヒという人がいます。彼は「勇気（courage）」という概念を中核にすえて、信仰の動態について述べたことがありました。これについて解説する中で、キリスト教に限らず、人間の宗教的経験には共通する側面があるといい、学生との対話の中で、次のように述べています。

『信仰の動態』（*Dynamics of Faith*）という書物の中で、私は人間の知性、意志、そして感情と言った側面について特に論じ、また宗教的経験は常にこの三つの側面を含蓄すると述べました。

（*"Ultimate Concern—Tillich in Dialogue"* Harper & Row, p.15）

すなわち、信仰は知性・意志・感情に反映するというのです。ティリッヒは、キリスト教の信仰を中心に、しかしそれだけに止まらず、一般的な宗教経験にもこの三つの側面があるといっているわけです。ティリッヒの言葉を受けてみますと、信心もまた、全人格的な事柄と申すことができます。即ち知・情・意という三種の精神作用に反映します。『教行信証』「信巻」を、曾我量深先生は、「己証の巻」と呼んでいますけれども、ここには親鸞聖人の信仰の自覚が最も明瞭にあらわれています。私はこの「信巻」を拝読する時に、自らの目覚めについて三つの局面において親鸞聖人が語っておられることに気づかされます。これは、信の動態の具体的な表現となっていると思われます。

一つには、内観的な表現ですけれども、たとえば、親鸞聖人は「信巻」「別序」に最初に、「それ以みれば」（聖典二一〇頁）といわれ、それから、「信巻」の最初には、「謹んで往相の回向を案ずるに」（聖典二一一頁）といわれ、それから「三一問答」の「仏意釈」のところで「竊かにこの心を推するに」（聖典二二五頁）といわれていることに気づかされます。信心は聞法の心ですけれども、それは内にたずねていく意欲を離れてはありません。「信巻」を論述するについて、親鸞聖人は、浄土をこのようにたずねるといっておられるわけです。

次に了解という言葉も、この「信巻」に出てきます。「明らかに知りぬ」（聖典二二四頁）、「真に知りぬ」（聖典二二四頁、二三四頁、二五〇頁）、「信に知りぬ」（聖典二二六頁、二三五頁）、「誠に知りぬ」（聖典二五一頁）とたびたび出てきます。

浄土の教えの言葉をたずねていく中で、身に頷くことができた事柄について、このように「明らかに知りぬ」とか「信に知りぬ」という言葉をもって表現されているのです。ここに一つの目覚めがあります。

そして同時に、その目覚めは、感情の側面では悲嘆となって、「悲しきかな」（聖典二五一頁）、「恥ずべし、傷むべし」（聖典二五一頁）という告白となってあらわれています。

信心の動態は、知・情・意という三種の精神作用の視点からも、また窺うことができるかと思います。いずれにしましても、親鸞聖人の信の世界は、果てしなく深く、また果てしなく広いのです。

「信巻」に「大信心海」（聖典二三五頁）とか「大信海」（聖典二三六頁）という言葉がありますように、信の世界は、まさに海の深さ、海の広さにも喩えられます。「深広にして涯底なし」（『無量寿経』聖典五〇頁）と教えられますけれども、そういう海のような広大の内容が信心の内にはあるということです。今回は、このような貴重な場をお借りして、信心の大海の一滴を味わってみたことです。

浄土の大菩提心——受動の信から能動の願へ——

願力不思議の信心は　大菩提心なりければ
天地にみてる悪鬼神　みなことごとくおそるなり
（『浄土和讃』現世利益和讃、聖典四八八頁）

信心すなわち一心なり　一心すなわち金剛心
金剛心は菩提心　この心すなわち他力なり
（『高僧和讃』天親菩薩、聖典四九一頁）

浄土の大菩提心は　願作仏心をすすめしむ
すなわち願作仏心を　度衆生心となづけたり
（『正像末和讃』、聖典五〇二頁）

一　法然上人と親鸞聖人

曾我量深先生が、親鸞聖人七百回御遠忌が円成した翌月に、高倉会館で講演をされているのですが、その講演で曾我先生は、御遠忌に出会われた喜びについて、

十年も前からお待ちをしておりました、わがご開山聖人の七百回の――、七百回の大御遠忌が、時節到来して、先月の十四日から二十八日まで、魔事なく盛大に勤まりました。みんながこう多少曠劫の宿縁、宿縁深広であるという喜び、そういうものを新たに感じたようなわけであります。

（『曾我量深説教集』一二、三五頁、法藏館）

と話されました。

この御遠忌は、みなさんご承知の通り、三月の一日から一週間、法然上人の七百五十回の御遠忌が京都の東山の知恩院で勤まりました。一九六一（昭和三六）年四月、私たちの宗門は、親鸞聖人七百回御遠忌の法要をお勤めしましたが、曾我我先生は、これを「宿縁深広」であると受け止め喜んでおられます。そして親鸞聖人の七百回御遠忌に先立って、法然上人の七百五十回の御遠忌が、浄土宗で厳修されたことについて触れておられます。

親鸞聖人は、一二六二（弘長二）年に還浄され、法然上人は、一二一二（建暦二）年に還浄されました。そのため奇しくも、同じ年に、真宗の本山と浄土宗の本山で、大遠忌法要が勤まったのです。

この二つの法要の意義について、曾我先生は、言葉を続けて、

まあ、こういうようにですね、三月から四月にかけて、法然さまとご開山さまと御遠忌が続いて、そうしてまあ地方から、日本中から京都へ信者のお方がたが集まって、そうしてまあ尊いご法縁に遇われたのでございます。

まあそれも済んでみればなにか夢のようにおもわれるのでございます。御遠忌はそれは、それで済んでしもうたのでありまするがですね、しかし、おみのりはずっとこう前も後も変りなく、ずっとこう続いていていてくださるわけのものでございます。（『曾我量深説教集』二、三六頁）

といっておられます。すなわち、法然上人と親鸞聖人の歴史的因縁によって、浄土真宗の「おみのり」が、ずっと現在まで絶えることなく続いているといわれるのです。曾我先生は、「おみのり」という古い言葉を用いられます。仏法の「法」を、「のり」といいます。それに尊敬語をつけて「みのり」といいますが、その「みのり」に、さらにもうひとつ尊敬語をつけて、「おみのり」といいます。古来、浄土真宗では、「法」を非常に重んじて、「おみのり」というのです。

二　法然上人と親鸞聖人の歴史的因縁

法然上人と親鸞聖人のお亡くなりになった年に、たまたま五〇年のへだたりがあるということで、同じ年に二つの御遠忌法要が営まれるわけですが、法然上人と親鸞聖人の間には、本当に浅からざ

る因縁があります。

曾我先生は、ある講話の中で、「法然上人と親鸞聖人は人格としては、お二人であるが、なされたお仕事は一つである」といっておられます。すなわち浄土真宗は、このお二人によって成立することができたといわれるのです。

私たちは、一般に、浄土宗を立てたのは法然上人で、浄土真宗を立てたのは親鸞聖人というように考えています。歴史的にみれば、確かにそのようにいえるのですが、そのような見方だけでは十分ではありません。浄土宗の立場からみれば、親鸞聖人は法然上人に背いて浄土真宗を立てられたといわれます。すなわち背師自立《はいしじりゅう》の人とみなされるのです。一方、浄土真宗の立場からみれば、親鸞聖人は、法然上人の教学をさらに前に発展、進化させたということになります。これは宗派我意識というものでしょう。

しかし私たちは、お二人の間に流れる信心の同一性を見失ってはならないでしょう。お二人に共通するのは、「念仏為本（念仏を本とす）」ということです。これについて、親鸞聖人は、

親鸞におきては、ただ念仏して、弥陀にたすけられまいらすべしと、よきひとのおおせをかぶりて、信ずるほかに別の子細なきなり。（『歎異抄』第二章、聖典六二七頁）

と告白されます。念仏為本ということは、「ただ念仏して」ということです。一切の別行を放擲して、念仏の一道を歩むことです。この念仏一道を歩むことを、法然上人は、専修念仏といわれました。この念仏一道、専修念仏の仏教は、これまで仏教の前提とされた菩提心をも不要とする「ただ

一筋」の道でした。すなわち、菩提心為本を念仏為本といただかれたのです。この仏道に、親鸞聖人は真実を見出し、そしてこの法然上人の仏道を自らの上にいただかれて、これに応答していかれることになります。

三　法然上人の菩提心観

法然上人は、生涯にわたって道を求められた方です。この「道」を、梵語では「菩提（bodhi）」といいます。親鸞聖人は、

「菩提」は天竺の語、ここには「道」と称す。

（「信巻」聖典二四二頁）

と確かめておられます。

古来、仏教者は、人生の正しい道程を仏教の教えに求め、これを体得するために悪戦苦闘しました。法然上人は、九歳のときに父を喪っています。美作《みまさか》（今の岡山県津山市）の押領使である漆間《うるま》時国の子として生まれましたが、保延七（一一四一）年、九歳のとき、所領の争いがもとで明石定明の夜襲に遭い父を喪います。瀕死の重傷を負った父の時国は、息が絶える間際に、

時国ふかき疵をかうぶりて死門にのぞむとき、九歳の小児にむかひていはく、汝さらに会稽の恥をおもひ、敵人をうらむる事なかれ、これ偏に先世の宿業也。もし遺恨をむすばゞ、そのあだ世々につきがたかるべし。しかじはやく俗をのがれいゑを出で我菩提をとぶらひ、みづから

が解脱を求にはといひて端坐して西にむかひ、合掌して仏を念じ眠がごとくして息絶にけり。

（『法然上人行状絵図』第一巻、井川定慶編、法然伝全六頁）

といい遺します。父の遺言は、武士の子として仇を討てというのではなく、「我菩提をとぶらい、解脱を求めよ」というものでした。「菩提をとぶらう」ということは、「悟りの世界を求めよ」ということです。「とぶらう」というのは、「訪らう」で、たずねるということでしょう。法然上人は、眼のあたりにした生死無常の悲惨な現状を深く胸に刻み、臨終の父の遺言に随って仏道に入られます。

おそらく、明石定明の追手を逃れるためでしょう。法然上人は、自分の生家からずっと山奥に入ったお寺で学問の道に入られます。

菩提を求めて入られた寺は、那岐山《なぎさん》菩提寺という学問寺でした。後の法然上人の、菩提心との格闘を暗示するような寺号です。今訪れても、まさに人里離れた深山幽谷の山寺という印象を受けます。叔父である勧学得業は、少年であった法然上人に学問の手ほどきをします。得業は、法然上人が神童であることを見抜き、「君は、京都の比叡山延暦寺で学びなさい」と勧め、法然上人は、十五歳の時に比叡山に登られ、阿闍利皇円のもとで学ばれます。これについて親鸞聖人は、

源空三五のよわいにて　無常のことわりさとりつつ

厭離の素懐をあらわして　菩提のみちにぞいらしめし

（『高僧和讃』「源空讃」聖典四九八頁）

と讃詠されています。源空というのは、法然上人の僧名、「三五のよわい」とは、十五歳という年

齢のことです。父が殺害されるという「生死無常のことわり」に目覚め、深い厭世の感情を懐き、「菩提のみち」に入られたと伝えられます。

四　躓きの石

仏教者の求道の原点には、必ず人生の現実についての大きな目覚めがあります。これを、発心とか発菩提心ともいうことができます。聖道門の教えによると、菩提心は、内には煩悩を断滅し、外には三界の大導師たらんとする広大な志願です。三界とは、欲界・色界・無色界という迷いの世界です。この勇猛な志願を有する求道者が、bodhisattva すなわち菩薩です。天台宗比叡山延暦寺の開基である伝教大師最澄は、このような志願をもって、比叡山で修行する求道者を、「菩薩僧」と呼び、これを「国宝」とされました。

ただ、この発菩提心を全うすることは容易なことではありません。若き法然上人は、時には嵯峨の清涼寺に参籠し、また諸宗の碩学《せきがく》を諸方に訪ねて道を問い、一切経をひらき見ること五遍に及んだと伝えられます。しかしながら、病める魂は、それによってついに癒されることはありませんでした。法然上人は、自らを三学非器であると痛切に自覚され、

かなしきかな、かなしきかな、いかゞせん、いかゞせむ。ここに我らがごときはすでに戒定慧の三学の器にあらず。

（『法然上人行状絵図』第六巻、法然伝全二六頁）

と告白しておられます。法然上人にとって、発菩提心はやがて、「躓きの石」ともなりました。戒学・定学・慧学という菩提心の行が、自己の救いを阻害するものとなったのです。

その法然上人が、救済の光として仰がれた教えが、中国の唐代の僧である善導大師の本願念仏の教えでした。悲しみにくれた法然上人は、ある日、比叡山の黒谷の経蔵に入られ、たまたま聖教を見開いたところ、「一心専念弥陀名号」(「散善義」真聖全一、五三八頁)以下の文が眼に飛び込みます。すなわち、「専ら阿弥陀仏の名号を念じなさい」という教言です。四十三歳の法然上人は、この一文に出会われて、末世に生きるあらゆる凡夫は、本願の念仏によるほかはないと確信されます。これについて、

道心の有無を論ぜず、造悪の軽重をいはず、たゞ本願の称名を念々相続せんちからによりてぞ、往生は遂べきとおもふ時に、他力本願に乗ずるなり。

(『法然上人行状絵図』第二一巻、法然伝全一一五頁)

といわれています。

このように法然上人は、往生のためには、「道心(菩提心)」を有することは必須ではなく、称名念仏のみが救済の直路であると唱道されます。法然上人の主著『選択本願念仏集』は、まさに選択本願の念仏に立って、菩提心無用論を展開した歴史的な教学書でした。

五　親鸞聖人の使命

建暦二（一二一二）年、一月二五日、法然上人は八〇歳で浄土に還帰されます。入滅後まもなくして『選択集』が開版されますが、本書に対して、聖道門の各宗の僧侶たちから非難攻撃の矢が放たれました。とりわけ明恵上人高弁は、『選択集』の内容に戦慄し、この年の十一月、『摧邪輪』三巻を著し、その菩提心無用論を烈しく糾弾しました。

設い汝自ら覚悟せずと雖も、決定して天魔に執縛せられて、此の不忍の言を出すなり。（中略）汝すでにこの大過あり、聖道浄土の二門の行者、先に須らく汝を遠離すべし。次にこの『選択集』を棄捨すべきなり。（『摧邪輪』巻中、『鎌倉旧仏教』三五一～三五二頁、岩波書店）

と、法然上人の所説を魔説と呼び、『選択集』を捨てさるべきであると非難しました。

法然上人は、たんに菩提心を無用だといわれたのではありません。聖道門の諸師のいわれるような菩提心を発することは困難であり、念仏を依り処にするものにとって、そのほかに菩提心を発すことは無用であるといわれたのです。

法然上人は、『逆修説法』において、菩提心について、それを浄土に往生してからのち発す四弘誓願の心とされています。また、注意されるのは、

菩提心は諸宗の各の意得たりと云えども、浄土宗の心は、浄土に生まれんと願ずるを菩提心と

云えり。念仏はこれ大乗行なり。

（『三部経大意』石井教道編、法然全四五頁）

といわれていることです。すなわち願往生心をもって、浄土宗の菩提心とされているのです。菩提心は「さとりを求める心」であり、願往生心は「浄土に往生することを願う心」であり、両者に違いがありますが、法然上人は、さとりのための願往生心という意味において、「浄土に生まれんと願ずるを菩提心」といっておられるものと思われます。

法然上人は、菩提心についてさまざまな説き方をされています。明恵上人は、おそらく『選択集』のみを見て、法然上人の大きな真意を見誤ったのです。

ともあれ、法然上人は、念仏をもって第一義とし、その他の行、たとえば聖道門のさまざまな発菩提心行を所廃の行とされました。その浄土宗の心を端的にあらわすのが、「念仏為本」の四文字です。この念仏第一義説は、既成の仏教観にコペルニクス的な転回をもたらしました。しかしこの主張を通して初めて、末法を裏付けるような五濁の世に住んで、戦乱のたえまない悪世に、生死の道を超える通路が開かれたのです。

六　親鸞聖人の悲歎

この法然上人の念仏為本の教えに、大いなる救いを見出されたのが親鸞聖人です。親鸞聖人も、この時代に生まれ、

興法の因うちに萌し、利生の縁ほかに催いしによりて、　（『親鸞聖人伝絵』聖典七二四頁）

といわれるように、「上求菩提・下化衆生」の大きな菩提心を抱いて、出家を決意されます。この『伝絵』の記事によると、青蓮院の慈円僧正のもとで剃髪し、やがて比叡山に登り、延暦寺において激しい学問修行の道に入られたと伝えられます。

しかし、比叡山で就学された若き親鸞聖人にとって、三学六度（六波羅蜜）を通途《つうず》とし、また別途《べつず》（遮那業・止観業）がある聖道門の発菩提心行は、躓きの石でした。聖道門自力の菩提心について、親鸞聖人は、

正法の時機とおもえども　底下の凡愚となれる身は
清浄真実のこころなし　発菩提心いかがせん
自力聖道の菩提心　こころもことばもおよばれず
常没流転の凡愚は　いかでか発起せしむべき
三恒河沙の諸仏の　出生のみもとにありしとき
大菩提心おこせども　自力かなわで流転せり
（『正像末和讃』聖典五〇一～五〇二頁）

と詠われています。自力聖道門の菩提心について詠われた、これらの一連の和讃は、傍観的なところから詠われたものではなく、自らの聖道門自力の実践を通して、それがかなわぬことを実感した痛切な悲しみの中から吐露されたものです。そのことは、

十方無量の諸仏の　証誠護念のみことにて

自力の大菩提心の　　かなわぬほどはしりぬべし
（『正像末和讃』聖典五〇四頁）

と悲歎されることからも窺われます。「自力の大菩提心の、かなわぬほどはしりぬべし」とは、身をもってその悲しみをくぐった親鸞聖人の偽らざる証言です。浄土に生まれんと願う心、すなわち願生心こそ菩提心成就の道であるとの、師法然上人の教えは、親鸞聖人にとって、まさに一条の光となりました。

七　顕真実の願い

親鸞聖人にとって、法然上人の『選択集』は、「光の書」でした。親鸞聖人は、

智慧光のちからより　　本師源空あらわれて
浄土真宗をひらきつつ　　選択本願のべたまう
（『高僧和讃』「源空讃」聖典四九八頁）

と讃えておられます。智慧光のひかりの中からあらわれた法然上人は、選択本願の念仏について説き『選択本願念仏集』を撰述されました。まさに末世の燈明という意義を『選択集』は持ちました。元久二（一二〇五）年、吉水の法然門下にあった若き親鸞聖人は、『選択集』を書写し、法然上人の真影を図画されました。三十三歳のときでした。私事について述べることのほとんどない親鸞聖人でしたが、この一事を感激をもって、『教行信証』「後序」に記しておられます。

しかし法然上人の念仏運動は、当時の聖道門から大きな非難と誤解を受けることになります。承

元元（一二〇七）年には、師の法然上人ともども流罪に処せられます。また、建暦二（一二一二）年に法然上人が入滅され、『選択集』が開版されると、明恵上人は、『摧邪輪』を著し、『選択集』を厳しく弾劾することになります。その弾劾の根拠は、

一は、菩提心を撥去する過失。

（『摧邪輪』巻上、『鎌倉旧仏教』三一八頁、岩波書店）

とあるように、その菩提心無用説でした。法然上人の『選択集』執筆の真意は、明恵上人のような真面目な仏教者にも理解されることはありませんでした。

『選択集』への誤解と誹難が絶えまない今、本書の真意を何としても明らかにしなければならない。常陸の稲田で、『教行信証』を執筆されていた親鸞聖人には、このような大きな使命感が動いていました。

三時教を案ずれば、如来般涅槃の時代を勘うるに、周の第五の主、穆王五十一年壬申に当れり。その壬申より我が元仁元年甲申に至るまで、二千一百八十三歳なり。

（「化身土巻」聖典三六〇頁）

この「我が元仁元年」の年紀の記述によって、『教行信証』草稿本は、元仁元（一二二四）年、親鸞聖人五十二歳の時に執筆されていたといわれます。ちょうど法然上人の十三回忌の年になります。これは『教行信証』執筆開始時を推定するひとつの目安となるでしょう。

しかし、私は、『選択集』への弁明（apology）という視点で考えるとき、同時に嘉禄の法難、すなわち嘉禄三（一二二七）年の専修念仏禁止も考慮する必要があると思います。これについては、

ひとつの書物が発端となっています。天台宗の僧侶であった並榎《なみえ》の定照が、『選択集』を非難して、『弾選択』という書を著しました。これに反駁して、法然上人から『選択集』付属を許された門弟の一人である長楽寺の隆寛は、『顕選択』を著し、

汝が僻破《へきは》のあたらざることたとへば暗天の飛礫《ひれき》のごとし。

（『法然上人行状絵図』第四十二巻、法然伝全二六五頁）

と、すなわち、「あなたのおっしゃることは、闇夜に放ったつぶてが的《まと》に当たらないのと同じです」と揶揄しました。これに激怒した定照は、比叡山の僧徒を動かし、『選択集』の版木（建暦開版本）を焼き、法然上人の墓所を暴こうとしました。そして、隆寛は、他の門弟とともに、流罪に処せられます。これが嘉禄の法難です。

隆寛を兄弟子として尊敬しておられた親鸞聖人は、この事件に大きな衝撃を受けられたことでしょう。『教行信証』執筆の背景のひとつには、やはり法然上人の『選択集』の本意をあらわしていくという意志が考えられます。

しかし親鸞聖人は、「顕選択」の意志を、「顕浄土真実教行証文類」とあらわしておられます。これが、『教行信証』の正式なタイトルです。すなわち、「顕真実」ということです。とくに『選択集』の名を冠してはおられません。しかし浄土宗を開かれた法然上人の真実を明らかにすれば、自ずと『選択集』の本意を開顕することになります。このような形で、親鸞聖人は、法然上人の法灯を継がれたのです。

八　『教行信証』「信巻」の開説

『教行信証』に「別序」を付して「信巻」が開説された背景のひとつには、明恵上人に代表される聖道門諸家の非難に答えるという使命感が大きく動いていたものと推察されます。

明恵上人は、法然上人が菩提心を無視したと激しく非難されましたが、親鸞聖人は、念仏の信心は、本当の意味の菩提心の意義を明らかにしているとして、

誠に仏恩の深重なるを念じて、人倫の哢言を恥じず。（「信巻」「別序」聖典二一〇頁）

といわれています。まさに「信巻」は、菩提心の意義を明らかにして、明恵上人の非難に論駁するという陰の意図があると思われます。

菩提心の意義について、親鸞聖人は、

浄土の大菩提心は　願作仏心をすすめしむ
すなわち願作仏心を　度衆生心となづけたり
（『正像末和讃』聖典五〇二頁）

と讃詠されています。自力聖道の菩提心に躓いた親鸞聖人は、法然上人の選択本願念仏の教えに導かれて、他力不思議の信心に呼び覚まされ、これを本来の菩提心として世に掲げていかれることになります。

九　三心一心問答の現代的意義

『教行信証』「信巻」には、重要な問答が置かれています。「三心一心問答」です。どのような問答であるかというと、「本願の三心（至心・信楽・欲生）」は、人間（機）が領受する、いわゆる「機受の一心」、『浄土論』の「我一心」と、まったく質的に同じであることを明らかにした問答です。その意義について、親鸞聖人は、

広く三経の光沢を蒙りて、特に一心の華文を開く。しばらく疑問を至してついに明証を出だす。
（「信巻」「別序」聖典二一〇頁）

といわれています。三心一心問答は、「信巻」の中心テーマとなります。ここに、本願の三心は、私たちの上に一心として成就することが明らかにされます。

信心、信心といいますが、私たちが起こした心ではなく、本願の三心が私たちの上に成就したのです。すなわち、私たちから見れば、信心はまったく受動的な心です。能動的な願心が、私たちの上にはたらいてきて、それが信心として成就する。三心一心問答は、一心の受動性について、論理的に明らかにされたものです。

ところが、その一心が、さらに能動的に開かれていく。三心一心問答が結ばれると、それはさらに、菩提心釈から信一念釈へと展開されていくことになります。この一念釈を転釈するなかで、親

鸞聖人は、

真実信心すなわちこれ金剛心なり。金剛心すなわちこれ願作仏心なり。願作仏心すなわちこれ度衆生心なり。度衆生心すなわちこれ衆生を摂取して安楽浄土に生ぜしむる心なり。この心すなわちこれ大菩提心なり。（「信巻」聖典二四二頁）

といわれています。受動的な信心が、金剛心として、願作仏心・度衆生心という、上求菩提・下化衆生という菩提心の意義を有するといわれるのです。

この菩提心の現在的な意味について、作家の高史明氏は、その論説を、

強者の論理が猛威を振るった近代世界の惨状を深く見つめるとき、「願作仏心・度衆生心」の真実が、改めて深く見つめられてきます。

現代世界はいま、まさに「浄土の大菩提心」を求めています。真実の智慧が求められている。韓国併合百年の今年こそは、東アジアから真の世界平和と繁栄の道を踏み出すときです。「念仏」の真実が、重くまた深く思い合わされます。（『南御堂』「現代と親鸞」二〇一〇年一月号）

という言葉で結んでおられます。親鸞聖人が「浄土の大菩提心」を開顕された三心一心問答の射程は、遠く現代に生きる私たちのところまで届いているというほかありません。

十　曾我量深先生の指教

私は、『教行信証』「信巻」を見るとき、このような信心の動態性、ダイナミクスを感じさせられますが、とりわけ三心一心問答は、信心の動態論すなわちダイナミズムについて述べた問答であることを強く印象づけられます。

私は、浄土真宗の信心は、

如来よりたまわりたる信心なり。（『歎異抄』後序、聖典六三九頁）

という言葉が象徴するように、受動的なものという一点で了解していましたが、「信巻」三心一心問答によって、その受動の信が能動的な菩提心として展開してくことを教えられました。

そして、改めて、曾我量深先生の指教された言葉が思われました。曾我先生は、

受動性の信楽の中に能動性の願というものを包んで、ただ如来に動かされていたのが、如来全部を動かしてくるものにしてくだされた。むしろ如来の方が受動的になる。信心の中に願があって、その願そのものが如来を動かし、また全法界を動かす。あらゆるものを動かすわけであります。（『教行信証「信巻」聴記』、『曾我量深選集』八、五三頁、彌生書房）

とお説きになられましたが、その一分を了解できたように思った次第です。

曾我先生の教説は、力強さに満ちあふれています。その力強さは、まさに親鸞聖人の信心の力動

性が、曾我先生の身体を通して、実となってあらわれているように思われます。その信心の能動性を、私たちはもう一度考えてみる必要があるのではないでしょうか。

信の構造——『教行信証』「化身土巻」の視角から——

一代諸教の信よりも　弘願の信楽なおかたし
難中之難とときたまい　無過此難とのべたまう

念仏成仏これ真宗　万行諸善これ仮門
権実真仮をわかずして　自然の浄土をえぞしらぬ

聖道権仮の方便に　衆生ひさしくとどまりて
諸有に流転の身とぞなる　悲願の一乗帰命せよ

（『浄土和讃』大経意、聖典四八五頁）

一、「信巻」と「化身土巻」の構造的連関

一　真宗の綱要

私は今回、「信の構造」というテーマを与えられました。「信の構造」という主題は、どちらかといえば『教行信証』「信巻」を中心に論じることが多いわけです。しかし今回、「化身土巻」を通して、化身土いう視角から信の構造を取り上げてほしいということでした。この「構造」という言葉ですが、これはもともと建築の言葉だと思います。建物やものごとが組み立てられていく内容構成とか立体的な仕組みというものを、構造という言葉であらわしていると思います。親鸞聖人の信は、ある意味で立体的だと思います。そういうことからすれば、構造という言葉を用いることは適切かと思います。今回は、親鸞の信について構造的な側面からアプローチしてみたいと思います。

最初は「信巻」と「化身土巻」との構造的連関ということです。親鸞教学で信について語る場合には、どうしても「信巻」が中心になってくると思うのです。しかし同時に、「化身土巻」も信について扱っています。そこにどういう構造的な連関があるのかを、最初にたずねていきたいと思います。

おおよそ誓願について、真実の行信あり、また方便の行信あり。その真実の行願は、諸仏称名

の願なり。その真実の信願は、至心信楽の願なり。これすなわち選択本願の行信なり。その機は、すなわち一切善悪大小凡愚なり。往生は、すなわち難思議往生なり。仏土は、すなわち報仏報土なり。これすなわち誓願不可思議、一実真如海なり。『大無量寿経』の宗致、他力真宗の正意なり。

（「行巻」聖典二〇三頁）

これは、『教行信証』「行巻」の『正信偈』の前の一節です。この一節は、真宗の大綱、科文《かもん》的にいえば真宗の綱要とみることができるわけですが、真宗仏道の要諦が非常に簡潔に示されています。真宗の宗教的な経験ということについていえば、行信が経験になります。信を語るときに「行巻」では、親鸞聖人は行信という言葉で語られます。行というのは、念仏です。念仏の信心である。信だけでは十分ではない。念仏が入らないと信心は成立しない。これが浄土真宗の信仰的な立場です。行信というところに、宗教経験が成り立ってくる。本願が行信という形で、私たちの上に成就してくるのだということです。そういう意味では、浄土真宗の信心は、信心といっても念仏を離れてはないわけです。念仏を離れた信心は、不具足の信でありますし、信心を離れた念仏は、もちろん不具足の信です。両々相待って、浄土真宗の信仰経験が成り立ってくる。

この大綱の文では、「真実の行信あり、また方便の行信あり」とあります。「真実の行信」については、「選択本願の行信なり」といっておられます。選択本願は、いうまでもなく法然上人のいわれたことです。親鸞聖人は、法然上人について「選択本願弘悪世」（『正信偈』聖典二〇七頁）と、『選択本願を悪世にひろめられた」といっておられますけれども、本願を選択本願とあらわし、この本願による念仏を、選択本願の念仏といっておられます。『選択集』で知られる法然上人の主著は、『選択本願念仏集』が正式のタイトルですが、選択本願の念仏を親鸞聖人は選択本願の行信と受け止められます。そこに、行と信というものを展開していかれる。行信に分解していかれるわけです。念仏といいましても、その中に信心を含めて、念仏と法然上人はいっておられます。しかし門弟の中には、念仏ということで信心をおろそかにする人々もいる、こういう人々を多念派といいます。あるいは、信心ばかり主張して念仏をおろそかにする人々がいる。これを一念派といいます。そういう人たちに門下が分裂してくる。これに対して、行信は不離一体であるということを、親鸞聖人は強調されます。浄土教の伝統でそういう言葉遣いはないわけですが、あえて行信という言葉で表現されるのです。その行信の機は、「一切善悪大小凡愚」であり、その証果は難思議往生である。またそこに開かれる仏道は、報仏報土である。これに対して、同時に「方便の行信あり」といわれるわけです。

方便の行信は、真実の行信に対応します。方便とは手だてです。真実の行信に入れるためのはたらきを示す概念で、方便の行信といわれるのです。この中には、諸行において信心を立てていく人、あるいは念仏を申すけれども、自力の念仏によって信心を立てていく人がいる。方便の行信を、そういう人々の上に見ていかれるわけです。この真実と方便が、親鸞聖人の教学の思想においては重要な意味をもってきます。

方便について、金子大榮先生が、次のようにいっておられます。

方便は我等の求道心を信じ、それに随順しつつ誘導し、紆余曲折を経て大悲の智慧に帰せしめようとせらるるものである。従ってその真実に帰すれば方便もまた真実に収まるものである。されどその真実を知らざれば方便もまた方便なる意義を失うであろう。それゆえに、真実はひとえに如来の回向ではあるが、方便は必ず真実への転入がなくてはならない。

（「真実と方便」『教化研究』九号、一一頁）

金子先生は、方便というけれども、じつは真実を離れてはないし、方便は真実へと導くものであるといわれます。そういう意味において、親鸞聖人の教学が方便門を開いているのは、非常に大きな意味があります。法然上人は、方便ということをほとんどおっしゃいません。真実を直接的に説いていかれるのが法然上人の教学です。それに対して、親鸞聖人の教学は方便を重視される。方便はお手回しといってもいいし、手だてといってもいいのでしょう。我々の宗教経験は、いろいろな形であらわれてきます。それを方便として位置付けていく。それを切り捨てるのではなく、それを真実に導くためのひとつの過程として見ていくということです。それが親鸞聖人の教学のひとつの大きな特色です。親鸞聖人は、自らの獲信体験がありますから、信心を獲たという獲信体験をもとにして、それを普遍的な言葉に返して語っていかれる。そういうことにおいて、真実の行信への転入に方便の行信の意義を認めていかれるわけです。そして、その真実の行信によって開かれる仏土を、報仏報土と語っておられます。そして方便の行信に開かれる仏道を、方便化土といわれます。親鸞聖人は、獲信体験をもとにしながら、こういう言葉を出していかれるのだと思います。

二　方便信の帰結

今回、方便化土あるいは方便の信について学んでいきたいと思うことですけれども、この報土と化土という言葉で教えてくださった祖師が何人かおります。七祖の中に尋ねていきますと、源信僧都がおられます。平安時代中期の仏教者ですけれども、この源信僧都が『往生要集』という、日本浄土教にとても大きな意味を持った書物をお書きになりました。その中で、報土と化土といっております。私たちは、浄土というと一つの世界のように思うけれども、源信僧都は、その浄土は報土と化土という形で重層的な構造をしているといわれました。源信僧都は、

報の浄土に生ずるものは極めて少なし、化の浄土の中に生ずるものは少なからず。

（『往生要集』真聖全一、八九八頁）

という言葉を残しております。これについて親鸞聖人は、「報化二土正弁立」（聖典二〇七頁）と『正信偈』の中で頌っておられます。さらに、

報の浄土の往生は　おおからずとぞあらわせる

化土にうまるる衆生をば　すくなからずとおしえたり

（『高僧和讃』「源信讃」聖典四九七頁）

と、報土と化土とを教えてくださっています。親鸞聖人は、源信僧都を非常に尊敬し、浄土真宗の第六祖と仰いでおられ、報の浄土に生ずるものはきわめて少なし、化の浄土に生ずるものは少なからず、つまり多いといわれています。

報土の往生は何によって決まってくるかというと、これはじつは念仏の信心によって決まる。信心によって、私たちの往生すべき浄土が異なってくる。こういわれたのは、法然上人です。たとえば、こういう言葉があります。

本願の念仏にはひとりだちをせさせて助《すけ》をささぬなり。助さすほどの人は極楽の辺地に生まる。助と申すは智慧をも助にし、自戒をも助にし、道心をも助にし、慈悲をも助にさすなり。

（『禅勝房伝説の詞』『昭和新修法然上人全集』四六二頁）

助というのは、念仏だけでは頼りないといって、ほかのいろいろな諸行を一緒に並べて兼修、並べて修する、そういうのが助さす人です。菩提心、菩提心行といってもいいのでしょうけれど、そういうものを助にする。あるいは、戒律を助にする。そういう人は、極楽の辺地に参る。報土つまり正面に生まれることはできない。中央に生まれることはできないというのです。これは念仏のありかたです。専修念仏といわれるけれども、念仏を専修せず、念仏だけでは頼りない。念仏は不充分であるといって、諸行とともに念仏を修する。そういう人は、浄土に生まれることはできない。浄土といっても、真実の報土に生まれることはできない。そういっておられるのです。

おそらく親鸞聖人も、そのことを法然上人の教えとして、深く受け止めておられたことと思います。そのことを私たちに示してくださるのが、『歎異抄』の「後序」に出てくる言葉です。法然上人のもとにあった吉水時代に、親鸞聖人が勢観房源智とか念仏房念阿という有力な門弟と、はかりなき相論をして、「法然上人の信心も私の信心も一つだ」と親鸞聖人がいわれた。それに対して、

「法然上人は智慧第一の方である。そんなお方の信心は、あなたみたいな新参者の信心と一つであるわけはない」と、他の人々は、そう親鸞聖人を批難した。結局議論が平行線になったので、「法然上人の御裁決を仰ぎたい」ということになり、その時、法然上人は、

源空が信心も、如来よりたまわりたる信心なり。善信房の信心も如来よりたまわらせたまいたる信心なり。されば、ただひとつなり。別の信心にておわしまさんひとは、源空がまいらんずる浄土へは、よもまいらせたまいそうらわじ。

（『歎異抄』「後序」聖典六三九頁）

と、お示しくださったわけです。親鸞聖人は、如来より賜りたる信心という師の教えを、非常に大切なこととしていただかれます。同時に、法然上人は、「別の信心にておわしまさんひとは、源空がまいらんずる浄土へは、よもまいらせたまいそうらわじ」ともいわれたのです。この言葉は、親鸞聖人にとっては示唆的だったのではないでしょうか。如来より賜りたる信心において真実の報土に生まれ、自力の心においては真実の報土ではなく辺地に生まれる。そういうことを、法然上人から教わった。そのことによって、親鸞聖人は、浄土の二重性といいますか、複合性ということを学ばれたのではないかと思います。そういう意趣を、法然上人は言葉として残しておられます。ただ法語以外のお書きになったものの中には、浄土の二重性といいますか、重層性ということについて、取り上げ論じられてはいません。しかし親鸞聖人は、『歎異抄』に示されているような言葉を通して、浄土は一重ではない、いわば重層的な仏さまの世界なのだということを教えられたのではないかと思います。つまりそのことが、信心というものを確かめていく基準となっていくわけです。

『教行信証』では、真実・方便というように重層的にいわれますけれども、自力の心については、疑惑という形でいわれています。これは、本願を信じることができないということで、信の中にある疑というものを大切な課題として受け止められたということです。これが「化身土巻」では、要門の最初のところ、そしてまた真門のところに出されています。要門釈は、主に『観経』の三心について扱われています。それから真門釈では、主に『阿弥陀経』の一心、執持という中で、疑惑について説かれています。そのことは、たとえば要門釈では、「疑惑心をもって」(「化身土巻」聖典三二八頁)といわれます。そしてまた真門釈を見てみますと、疑の問題が出てきます。たとえば、「この諸智において疑惑して信ぜず、しかるになお罪福を信じて」(「化身土巻」聖典三四七頁)云々と、こう出ています。

方便の信の中で、疑惑について要門釈、真門釈で触れておられるわけですが、曾我量深先生は『信疑論』(『曾我量深選集』第二巻所収)という論文で、信以前の疑と信以後の疑と見定めておられます。これは、第十九願の要門のところにおいては、第十九願の信に触れられるのですが、その信については、信以前の疑ということで見ることができます。そして信以後の疑というものを、真門釈の第二十願の信に見ることができるかもしれません。疑は第十九願の心、第二十願の心に配当することができるかもしれません。そういう心について親鸞聖人は、「化身土巻」で第十九願について、雑行の中の雑行雑心・雑行専心・専行雑心(聖典三四三頁)という言葉で説かれています。さまざまな行を修しながら、浄土に往生するのを諸行往生といいますが、それを善導大師は雑行と見定められます。その善導大師の教えを法然上人が受け、また親鸞聖人が受けていかれるわけです。これはある意味で、自力の行のさまざまな形を述べたものということができます。第二十願は、正行の中の専修専心・専修雑心・雑修雑心（聖典三四三頁）と出てきます。これは二十願についていわれたものです。念仏を申しながら、しかも専修でありつつ雑心であるという、そういうあり方です。このように親鸞聖人は、信心については非常に分析的です。分析的に吟味していくということが、親鸞聖人の教学の一つの特徴です。

いずれにしても、信心を軸にして「化身土巻」の展開を見ることができます。『教行信証』の「信巻」と「化身土巻」は、共に信心を軸として説かれる。その点は十分に注意する必要があろうかと思います。

三　「信巻」「化身土巻」の標挙と科文

「信巻」と「化身土巻」を信心を軸にして見ていくとき、どのように見ていくかというと、やはり注意すべきなのは標挙《ひょうこ》の文です。標挙は『教行信証』において大切な意味をもっています。標挙とは目印です。『教行信証』は、各巻にこの標挙の文があります。我々は信仰の目印をどこに置いていくか。私たちは生死の世界、生死海で迷っている。その迷いをさとりへと転じていくには、何を目標にしてということがあるわけです。その目印を、教学で標挙と呼びます。

『教行信証』は、各巻に標挙の文が置かれていますが、「信巻」は「至心信楽の願」（聖典二一〇頁）という標挙の文が置かれています。その至心信楽の願によって私たちは信心をいただく、その信心によってどういう主体が成り立つかというと、「正定聚の機」という言葉で表現される宗教的な主体です。標挙の文の細注に、「正定聚機」（聖典二一〇頁）とあります。「信巻」の「別序」の後に、標挙の文が「至心信楽の願・正定聚の機」（聖典二一〇頁）と揚げられています。至心信楽の願とは、第十八願のことです。十八願の願名はいろいろあります。一番親しみのある願名は、念仏往生の願ですが、ところが親鸞聖人は法然上人もお使いにならない至心信楽の願という願名を用いられます。それは何故かというと、第十九願、第二十願に通底してくるからです。そこで「化身土巻」の標挙の文（聖典三二五頁）を見ますと、「至心発願の願」、これは第十九願ですね。そしてそれに続いて「邪定聚の機」とあります。それから「至心回向の願」、これは第二十願で「不定聚の機」とされます。三願ともに至心、そして欲生我国の語が付いています。そういうことで「化身土巻」の標挙の文には、「至心発願の願、邪定聚の機」、これは「無量寿仏観経の意」、お経でいえばこのようになる。至心信楽の願は、お経でいえば『大無量寿経』の意です。至心回向の願は不定聚の機、これは「阿弥陀経の意」である。そこにもたらされる往生についても「双樹林下往生」「難思往生」という言葉で表現しておられます。坂東本を見ますと「無量寿仏観経之意」という言葉あるいは「阿弥陀経之意」という言葉は朱筆で入っています。いずれにしても至心発願、至心回向、至心信楽ということで通底する。ですから、親鸞聖人が第十八願の願名を、「至心信楽の願」とされた理由は、第十九願、第二十願と非常によく合っているからです。そのことによって、方便の行信、そして真実の行信がみごとに対応してくるわけです。

つまり、「信巻」と「化身土巻」は連関してくるのです。第十八願の因願文の中の至心信楽という語をもって、真実の信をあらわすのはもっとも自然で、もっともふさわしい。また「化身土巻」で至心発願の願あるいは至心回向の願、この語で方便の信をあらわすのはもっともふさわしい。こういうことからこの願名を出されたと思われます。「化身土巻」に説かれる、いわゆる三願転入の次第からすれば、第十八願に先立って第十九願、第二十願の意義が説かれるべきかもしれません。しかし、そういう次第順序にはなっていません。最後に一番正しいもの、真実のものをもってくる。方便が先だというようには親鸞聖人はみなされない。まず真実のものを置いて、それから方便へと移っていく。ということは、真実に照らしてこそ方便の意義も明らかになってくる、方便の行信も真実の行信に照らしてこそ明らかになってくる。そういうことがあるのだろうと思います。このように、構造的に「信巻」と「化身土巻」は連関している。そのことは、標挙の文に明らかです。

機については、正定聚の機、邪定聚の機、不定聚の機とあります。「信巻」を貫く機の問題はずっと続いていくのです。ですから、「信巻」を見ますと、後半は難治の機という語が挙げられ、『涅槃経』の文が引かれていくわけです。

『教行信証』は、各巻に結釈という結びの釈文が置かれますが、「信巻」には結釈がありません。これについては、いろいろ議論があって、「信巻」は未完成なのだという見方も成り立ちます。ただ結釈を置かれなかったのは、「信巻」が「化身土巻」まで通底していくということが理由としてあったのではないだろうか、こういうことも思われます。正定聚の機と語られることが、やがて邪定聚の機、不定聚の機と呼応していく。そして、三願転入まで深められていくということです。そのことは、三願転入において正定聚の機が明らかになるということがあろうかと思います。願名において、またその願によって誕生する機において、一貫したものを親鸞聖人は見ていかれる。そのことを、標挙の文を通してもうかがうことができます。

『教行信証』は、非常にきちんとした構成で書かれています。しかも引文が中心になっていますので、『教行信証』をどう読んでいくかということは、非常に重要な問題になってきます。そういうことから古来、科文《かもん》ということがおこなわれています。経にしても聖教にしても、どういう構成になっているかということを見ていくときに、聖教の見取り図が必要になります。ですから、経についても、さまざまな論や釈についても、科文は必要になってくるわけです。科文という分節法は中国でおこなわれました。これについて仏教学の辞典によりますと、「経論を釈するにその文句の段落を分科すること、これ晋の道安より始まる。一経の大要を知るに欠くべからず」と説明してあります（参照、『織田佛教大辞典』）。したがって、科文は晋の道安から始まったということです。経典が中国に入ってきたときに、梵語の経典が漢語に翻訳されたのですが、その経典を皇帝の前で講義をするということがおこなわれた。ところが、経典について講釈するということが、どうも要領をえなかったということがあったようです。武帝という皇帝が、お経は次第順序にのっとって説かれているに違いないから、その次第順序を明らかにしなければいけないと講者にいったそうです。そのエピソードを耳にして道安は、経典に三分科法というものを見出すわけです。三分科法というのは、序分、正宗分、流通分の分節法です。この三分科法を見出して、経典を理解していった。そうしたら非常によく人々が理解できるようになった。そう伝えられます。特に中国は「文字の国」ともいわれますように、非常に解釈学が発達しました。そこで、科文を切るということが非常に大きな意味をもってくることになったわけです。これは経典に限らないで、いろいろな書物について、科文を切るということがおこなわれました。

『教行信証』についても、テキストの解釈学が取り入れられて、まず科文を切ることが重視されました。『教行信証』は、ある意味において海みたいなものですから、『教行信証』という海を渡っていくためには、どうしても海図が必要になってきます。そういうことで、科文学というか解釈学が発達し、近世の宗学者の方々がさまざまに科文を切って私たちに示してくださっています。

今私たちが重宝している科文は、山辺習学・赤沼智善というお二人の先生の作られた『教行信証講義』の科文です。これをベースにした科文を我々は、『真宗聖典』でも用いています。『教行信証』の「信巻」そして「化身土巻」についても、この科文を一つの手だてとしてみたらどうかと思います。

「信巻」についてそれを見ますと、まず「別序」があり「一章　真実信」となっています。二章は「三心一心問答」、そして三章は「重釈要義」となっています。こういうように、一応見ることができます。「化身土巻」の標挙は、邪定聚の機、不定聚の機ですが、科文がどうなっているかといいますと、一章は「総釈」、二章は「要門釈、第十九願開説、観経の意」（聖典一〇〇四頁）、そして三章は「真門釈（第二十願開説小経の意）」（聖典一〇〇六頁）となっています。四章は、「聖浄二道判と真偽決判」（聖典一〇〇八頁）、そして五章は「内外両道の真偽決判（後にここより末巻とする）」（聖典一〇〇九頁）となっています。それを信心という視点から見ていけばどうなるのかということですが、一章「総釈」、二章「要門釈」は方便信の（1）、三章「真門釈」は方便信の（2）、そして四章は聖浄二門判と真偽決判、これは行証道から信証道へ、こういうようにみて、五章は鬼神信仰の教誡、そして六章は後序と呼ばれるわけです。こういうように信心の展開を、つまり真実信と方便信を、「信巻」そして「化身土巻」に展開的に見ていくことができます。

「化身土巻」を読むといっても、「化身土巻」だけを読めばいいかというと、そういうわけにはいかないのです。「化身土巻」は非常に大切な巻であるけれども、他の巻を無視して「化身土巻」だけを読むというわけにはいきません。各巻が相互に連続しているということを、私たちは注意していく必要があろうかと思います。

四　『教行信証』における信の展開

『教行信証』には、真実信から方便信へという展開があります。そして、真実信を扱う「信巻」

では、最初に一心帰命と出てきます。これは『願生偈』の言葉ですけれども、それを曇鸞大師が『浄土論註』において解釈し、その「論主建めに『我一心』と言えり」（「信巻」聖典二一四頁）という解説を、親鸞聖人は、「信巻」に引文しておられます。

そして次に、善導大師の『観経』の三心の解釈が中心になるのですが、『観経』に深心とある語を二種深信として押さえていかれます。そしてその信心は「化身土巻」に入って展開してきます。それが「ここをもって、愚禿釈の鸞」（聖典三五六頁）で始まる、三願転入の文です。

松原祐善先生は、「『教行信証』の信は、一、二、三と展開している、一心帰命、二種深信、三願転入、こういう次第順序になっている」といわれていました。一心帰命のダイナミックな構造を、二種深信が扱うのです。信のダイナミックな構造を、二種深信で明らかにするけれども、その真実信心にどのように入っていったらいいか。それについて、親鸞聖人が自分の体験を基に語っておられる。それがいわゆる三願転入の文です。そういう意味において、「信巻」と「化身土巻」は通底しているといえます。その通底の仕方は、非常に力動的です。このことは、信心を明らかにしようとするときに、大切な視点になってくるだろうと思います。

五　構造から動態へ

私は、親鸞聖人の信心の力動性を、動態という言葉で押さえたいと思います。ダイナミクスといってもいいと思います。信心は固定的なものではない、動きのあるものなのです。親鸞聖人が語られる信心は、ダイナミックな構造を持っている。動態という語は、辞書の上では「動く状態」とか「変動している状態」とあります。これは静態に対応します。人口動態という語を我々は使いますが、動態は、社会学でも使われる言葉です。それから英語を習った方は受動態とか能動態という語を英語のクラスで習ったことがあるかと思います。

親鸞聖人の信心は、非常に動態的であると見ることができます。そういう言葉を使われる先生もおられます。たとえば、寺川俊昭先生は、初めは『歎異抄の思想的解明』というように、割合構造的にとらえておられたのですが、やがて『親鸞の信のダイナミックス』という著書を出されています。あるいは大峯顯先生は、初めは『親鸞のコスモロジー』という著書を出され、ある意味で構造的に語られていたわけですが、やがて『親鸞のダイナミズム』というタイトルの著書を出されました。これも動態論です。これらの先生方が着眼されているように、親鸞聖人の信仰は、力動的です。

動態という言葉を使うようになったのは、ティリッヒの『ダイナミクス・オブ・フェイス』(*Dynamics of Faith*)が先駆けとなります。一九五〇年代の本ですけれども、そこにダイナミクスという言葉が使われています。あまり読む学生もいなくなったのですが、ティリッヒはプロテスタントの神学者です。真宗でそのような言葉はほとんど見なかったのですが、寺川先生がダイナミックスといい、あるいは大峯先生がダイナミズムといわれました。親鸞聖人の信仰は力動的ですから、構造というだけではなく、力動ということが注目されるようになりました。親鸞聖人の信仰概念を、構造だけでとらえてしまうと静態的、スタティックにとらえてしまいがちになります。ですから、もっと動態的にとらえていかなければいけないだろうと思うのです。

二、「化身土巻」開説の意義

一　方便引入の教学

「信巻」と「化身土巻」の構造的連関ということを念頭におきつつ、「化身土巻」開説の意義について少したずねてみたいと思います。親鸞聖人は、「信巻」において、真実の信心がどのようにして成立し、どのように動いていくかという、そういう力動的な内景について、非常に緻密な言葉で論究されています。「信巻」は、三一問答を中心にして成立していると思いますけれども、「信巻」は前半と後半に分けることができます。前半は信がどのように我々のところに回向されてくるか、願心がどのように衆生の上に成就するか、こういうことが特に三一問答を通して語られます。これは如来の本願の三心が、機の上で一心としてあらわれてくるということを、本願の三心と世親菩薩の一心との対応において論じた問答です。これは非常に重要な意味があります。つまり超越的な願心が、どのように内在化するかということです。超越の心、本願の心が、どのように衆生の上に内在化するかという問題です。一心は、内在した心です。世親菩薩の上に内在化した願心です。願心は人間の心を超えたものですから、人間の心を超えた本願の心がどのように衆生の上に内在化するか。そのことを論じることによって、親鸞聖人は衆生において誕生してくる信心のいわば絶対性ということを問題にされているわけです。これを回向成就の信という言葉で表現します。

その願心の成就が、一心として成就した信心です。一心がどのように展開していくかという問題は、「信巻」の後半になって、菩提心釈という次第で追求され、さらに具体的に罪悪の衆生の上にその信心が成就して、その人をして能動的に生かしめていく軌跡を、阿闍世王の物語の上に尋ねていかれる。そういう意味において、前半では願心の受動を論じていたのが、後半では能動というように展開するわけです。そういう信心の受動性、つまり信心はまったく私の力ではなくて絶対受動的なものだということを三一問答で取上げられ、そしてその信心において主体が信心を自己の存在根拠として能動的に動いていくことが問題にされる。その主体が正定聚の機です。その正定聚の機について仏弟子論などの形で展開される。そのように、「信巻」では、信心の力動性が、思想的に深く尋ねられているわけです。

『教行信証』で親鸞聖人は、その信に至る道筋を、開陳しておられます。ここに「化身土巻」、「顕浄土方便化身土文類六」があらわされる、非常に大切な意味があります。この「顕浄土方便化身土文類」という題は、一応外題といっていいかもわかりませんが、それに対して内題の方は「顕化身土文類」です。そしてそこに後で、「浄土方便」という言葉が加えられます。御真蹟本の坂東本を見ますと「顕化身土文類」とお書きになっているところに「浄土方便」という言葉を入れておられます。その意味を、化身土という語だけでは聖人もあらわせなかった、不充分だとお考えになったかと思います。「浄土方便」と四字を補記することによって、どういう意味になるのかということが考えさせられます。その四字が入ることによって、いわゆる化身土という仏土は、廃捨される、捨てられるべき非本願の仏土ではない、本願に酬報する仏土であるということを示そうとされたのではないかと思います。そういう意味において、真実の巻五巻に続いて「顕浄土方便化身土文類」本末二巻が置かれた意味は、大きい意味があるのではないかと思います。

「方便化身土巻」は、真実信へと至るプロセス、阿弥陀如来、釈迦如来の二尊による方便を明らかにした巻です。諸宗教の中で仏教のもつ特徴は、方便門を開いているということだと思います。特に大乗仏教において真実門だけではなくして方便門を開いている。方便とは、ウパーヤという原語で、「近づける」という意味です。いわゆる一神教といわれる宗教は、真実門はあるけれども方便門はないのではないかと思います。一神教の宗教で有力なのは、キリスト教、ユダヤ教、イスラム教ですが、みんなもとは一つでアブラハムの宗教といわれます。みんな一つのところから出ている宗教です。お互いが真実だけを語って方便という考え方がないから、ぶつからざるをえない面があると思うのです。それに対して、大乗仏教は方便、真実に到る道筋というものを明らかにする。いきなり結果とか結論にいくのではなくして、宗教的真理へと到るプロセスを明らかにしているわけです。

私どもの東方佛教徒協会（ＥＢＳ）にお力添えをいただいているマイケル・パイ氏の書物に『ス

キンフル・ミーンズ（*Skilful Means*）』というご著書があります。「スキルフル・ミーンズ（Skilful Means）」とは、「巧みな手だて」という意味です。英語では、方便の対訳語がないものですから、スキルフル・ミーンズという語を使うのです。パイ先生は、マールブルク大学名誉教授でイギリス国教会の聖職者でもあられるのですが、仏教の大きな意味として、スキルフル・ミーンズ、真実に至るプロセスとして方便という概念に大きな意味を見出しておられます。それから神学者で有名なジョン・コブという方がおられます。クレアモント大学で神学を教えていました。コブ氏は、ホワイトヘッドという哲学者の影響のもとプロセス神学を提唱しました。大乗仏教に傾倒して自分自身でも、大乗仏教の影響が非常に強いといわれます。そういうように、キリスト教の人たちにおいても、プロセスということ、また方便という概念を大切にとらえられる人がいるのです。

プロセスを大切にするということでは、ジョン・ロス・カーター氏もそのおひとりです。この方もキリスト者でありながら、コルゲート大学の仏教の研究者として著名な方です。カーター先生は、スリランカに滞在し『ダンマパダ』、つまり『法句経』の翻訳をオックスフォード大学から出版しています。先生は浄土真宗の二種深信を弁証法だとして、その信仰のダイナミズムに非常に共感しておられました。信仰を機の深信、法の深信の二面から見ていく、ここに信の力動性があるといわれます。信仰を、いきなり結論から与えるのではなくして、二種深信の深まりの中で、いわば弁証法的に自分の信仰を深めていく。そのような信仰の形は、キリスト教の信仰においても深い意味を持ってくるといわれます。そういうことから見ましても、仏教が方便門を持ち、またプロセス的な意味を持っているということは、私たちがこれから宗教というもの、浄土真宗の信仰を世界の方々に語っていくときに非常に大切な意味を持つのではないかと思います。そういう意味において、親鸞聖人が『教行信証』で方便門としての「化身土文類」を開かれたということに、私は大変に大きな意味があると思います。

最近今村仁司氏の『親鸞と学的精神』という本が出ました。今村先生は、「化身土巻」が非常に大切だといわれます。その本の中で、

けれども現在の我々にとっては最後の浄土論（「化身土」巻）こそが、有限な個人が無限としての阿弥陀の境地に到達する過程の現象学的（ヘーゲル的な意味での）叙述であると理解することができる。

（『親鸞と学的精神』四二頁、岩波書店）

と述べ、過程、プロセスとして「化身土巻」は書かれているのだということを強調しています。プロセスを大切にしていかなければいけないと示唆される。そういう意味においては、親鸞聖人の教学は、プロセスの教学、あるいは方便引入の教学といってもいいかと思います。

二　方便引入の諸相

方便引入という言葉を、親鸞聖人はお使いになっています。

大聖おのおのもろともに　凡愚底下のつみびとを

逆悪もらさぬ誓願に　方便引入せしめけり
（『浄土和讃』聖典四八五頁）

このように、方便引入ということを言葉として出しておられます。親鸞教学を、特に「化身土巻」に照らしてみますと、方便引入の教学であると思われます。その方便引入について親鸞聖人は、第十九願、第二十願を出されますけれども、方便引入について、第十九願では「誘引」（聖典三二六頁）といわれます。誘って入れる。そして第二十願では、「悲引」（聖典三四七頁）とされます。大きな悲《あわれ》みをもって入れていく。「誘引」については、

ここをもって釈迦牟尼仏、福徳蔵を顕説して群生海を誘引し、阿弥陀如来、本誓願を発してあまねく諸有海を化したまう。すでにして悲願います。
（「化身土巻」聖典三二六頁）

といわれます。この誘という言葉は、さまざまな教えを説いて、自力執心の強い人々を誘い導くということで誘といわれますが、ここに左訓がふられていて「こしらう」とあります。「こしらう」とは方便のことです。「化身土巻」末巻所引の『楽邦文類』に、

真を論ずるは俗を誘《こしら》うるの権方なり、
（聖典三九七頁）

とあります。こしらう、誘い入れるとは、方便という意味です。これは要門ですけれども、こしらえて入れる、本願の世界に勧め入れるために、「こしらう」をこととした方便の教説。これは、釈迦牟尼仏の力用とされます。そして「定散ともに回して宝国に入れ」（『般舟讃』聖典三三八頁）、あるいは「この二行を回して、往生を求願せよ」（「玄義分」聖典三三三頁）と「化身土巻」に出ています。そういうひとつの勧励です。この特別な手だてが、「こしらう」と左訓された誘引の意味です。「仮

令の誓願、良に由あるかな」（聖典三四三頁）と、仮令の誓いという言葉で押さえられます。

それからもう一つは、悲引という言葉が使われます。

しかればすなわち釈迦牟尼仏は、功徳蔵を開演して、十方濁世を勧化したまう。阿弥陀如来は、もと果遂の誓いを発して、諸有の群生海を悲引したまえり。すでにして悲願います。

（「化身土巻」聖典三四七頁）

と、悲引するという言葉が使われます。第十九願の方便を通して我々は自力の心を離れるわけですが、さらに真門へと悲引されていく。この悲引が、阿弥陀如来の果遂の誓いといわれます。そのように、方便引入ということを親鸞聖人は誘引と悲引という言葉で押さえていかれます。いろいろな面で要門釈と真門釈のこの二つの言葉は注意されますが、それぞれに大きな意味を持っています。

たとえば、蔵という言葉が使われます。福智蔵・方便蔵という言葉が、「行巻」に出てきます。

もろもろの群生海に浮かぶ。福智蔵を円満し、方便蔵を開顕せしむ。（聖典二〇二～二〇三頁）

この福智蔵は、第十八願です。福徳と智慧を完全に備えているということから、福智蔵といわれます。そして、方便蔵の中に福徳蔵と功徳蔵が出てくるわけです。福徳蔵は第十九願ですし、功徳蔵は第二十願です。蔵という言葉であらわします。蔵は、宝物を入れておくもの、そういう隠喩（メタファー）です。蔵は、宝を入れておく場所ですけれど、それを開いていくという喩えです。そこに方便引入ということが出てくるわけです。誘引し悲引する。我々に蔵を開けていただくということで、それがすべて如来の手だてというのです。釈迦牟尼仏と阿弥陀仏二尊の手だてを通して、我々は悲心に触れ、浄土へと引入せしめられるのだというのです。
それについて、「すでにして悲願います」という言葉が、要門釈（聖典三二六頁）、真門釈（聖典三四七頁）ともに置かれています。「すでにして」とは、私たちが知らないうちに既に如来の悲願が私たちにかけられているということです。親鸞聖人は、悲願という言葉を大切にされます。我々は煩悩に迷っている、しかし既にして悲願まします。そういう言葉は『歎異抄』の第九章にもあります。

他力の悲願は、かくのごとくのわれらがためなりけりとしられて、いよいよたのもしくおぼゆるなり。（聖典六二九頁）

我々は知らないけれども、他力の悲願はかくの如き我等のためであったと知られて、いよいよ頼もしく思われる。仏さまから遠い私たちであるけれども、そのような私たちに憐れみの心をもって願いをかけておられる。そういう本願の尊さに対して、「すでにして悲願います」と、こういう言葉で押さえているのです。

三　「化身土巻」が本末二巻に分かれる意味

「化身土巻」は、本末二巻に分かれます。末巻は、「顕浄土方便化身土文類末」と記され、「顕浄土方便化身土文類六」という題号が掲げられています。「化身土巻」末巻ということになると、そこに書かれている内容からして、私たちは、九十五種の邪道に執着するものを批判する、外教批判の巻と受けとめます。しかし題号が方便化身土と、方便という文字が入っていることに注意すべきであろうと思います。いわば邪道に迷っている者を仏教に導くための、釈迦の方便ととらえることができるわけです。末巻を本巻と切り離して考えがちになりますけれども、しかしそこに一つの連続性を見ていく必要があろうかと思われます。そのことは総標の、

それ、もろもろの修多羅に抛って真偽を勘決して、外教邪偽の異執を教誡せば、

（「化身土巻」聖典三六八頁）

という、教誡という言葉にも窺われます。教誡という言葉は、本巻のところで、「邪偽・異執の外教を教誡す」（聖典三五八頁）と、御自釈のところに出ています。これをどう受け止めるかということは、先生方もいろいろと指摘しておられますが、本巻と末巻の連続性ということを考えますと、教誡ということも一つの連続性の中でとらえていくことができるかと思います。そういう意味において、末巻は本巻にはつながっている。教誡とは、真実の教えに照らして教誡することです。決して人間が人間を教誡するのではなくして、釈尊の教えに導かれて教誡するわけです。したがって、親鸞聖人が教誡されるというかたちに一応なっていますけれども、しかし根源的には釈尊による教誡と受け止めるべきだと思います。

教誡は、「外教邪義の異執を教誡」するということですから、ある意味において「外邪異見の難をふせぐ」という善導大師のお言葉とも相通じるものがあります。「信巻」に二河譬が引かれますが、その中に、

一つの譬喩を説きて信心を守護して、もって外邪異見の難を防がん。（聖典二二九頁）

という言葉が出てきます。信心守護という問題が、二河譬のところに出てくるわけです。その表現あるいは目的は、外教邪義の異執を教誡するという言葉と似ていると思います。そういうことからしても、親鸞聖人は、「化身土巻」末巻を開顕することにおいて、二河譬から影響を受けられたということも考えられます。ですから、末巻はたんに外教批判というのではなくて、外道に止まっているものを仏道へと導いていくという、方便としての意味があると思われます。

信心守護ということは、外教批判と重なるところがあると思われます。いずれにしても、「化身土巻」末巻は、末巻として考えなければいけない問題があるわけですが、方便という言葉を置かれていることの意味、方便引入の教学ということの意味を無視できないと指摘しておきたいと思います。

三、方便引入の論理構造

一　信の危機

『教行信証』の「化身土巻」を通して、信の構造についてお話しているのですが、親鸞聖人の教学の大きな特質のひとつは、教相の中に方便門を開かれたことにあります。教相の中に、真実門と同時に方便門を開かれた。方便とは、真実へと入る手だてです。大乗仏教は、方便を大切にします。そのことは、たとえば『法華経』に「方便品」という一章が置かれていることからもわかります。親鸞聖人は、『法華経』を学びながら、凡夫が救われる道を『無量寿経』の中に見出された。つまり末法に生きる凡夫、あらゆる善悪の凡夫が救われる道を、本願の上に見出されたわけです。親鸞聖人は、本願に帰するという体験を、自ら「雑行を棄てて本願に帰す」（聖典三九九頁）と「後序」に告白されています。それは、親鸞聖人にとっての基礎体験というべきものであったかと思います。ただその体験を、自分一人の個人的な問題にとどめるのではなく、その体験を普遍の地平に返していかれた。信仰は、安心の問題です。その安心の意味、内容を、教相の問題を通して確かめられた。これが普遍の地平に返すということです。

親鸞聖人が、私たちに届けてくださった大きな仕事、そしてそれがあるから親鸞聖人が私たちに伝わってくるのだといえる書物、そのひとつに『歎異抄』があります。もう一つは、いうまでもなく『教行信証』です。『歎異抄』によって、親鸞聖人の名は近代そして現代に伝わったといっても過言ではありません。その『歎異抄』の意義と意味を、中世に発見した人は蓮如上人、そして近代に再発見された人は、清沢満之先生です。清沢先生は、『歎異抄』を「安心第一の書」と呼んでおられますが、『教行信証』については、その生涯が短いこともあり、あまり触れられることはありませんでした。そういう意味で、『教行信証』をどのように私たちがいただいていくのかということは大きな問題です。清沢先生の安心第一の書という『歎異抄』観を受け継ぐなら、私たちは教相第一の書として『教行信証』をいただくことができるかと思います。

その「教相第一の書」ともいうべき『教行信証』の「方便化身土巻」、「顕浄土方便化身土文類」についていま学んでいるのですけれども、私たち一人ひとりに信仰、信心がなぜ大切かといえば、申すまでもなく私たちが信心によって初めて主体として成り立っていくことができるからです。ですから、信心がないということは、主体がないということになります。どんな人も、いろいろな信念というものは持つわけですが、しかし主体がどれほど確かなものかということになりますと、はなはだ危ういものです。この主体が、ここにおいて成り立つということを教えてくださっているのが、本願の教えです。本願への目覚めが、私たち一人ひとりが主体として誕生する根本的な契機です。しかし、本願の一点に立脚することは、容易ではありません。そこに、本願になかなか立てないという問題があります。そういう問題を、親鸞聖人は私たちにいろいろな形で教えてくださっています。親鸞聖人自身の体験に戻してみますと、越後配流という事件、また流罪地での体験が大きかった。人間として生きる最低限のところに立たれたのです。ある意味では、よほどの信念がないと、その中では立っていることはできない。そういう宗教的信念によって、苦難を乗り越えていかれたのです。しかし、その苦難の中でも、信に対するいくつかの迷いが起こってきたわけです。

流罪の期間を経て関東に上っていく途中、親鸞聖人が四十二歳の時ですが、有名な「三部経千部読誦」というエピソードがあります。たいへんな飢饉が、当時諸国を襲い、将軍は僧侶に『法華経』を読みなさいとさかんに勧め、『法華経』の転読をおこなったようです。そのことは、『吾妻鏡』という、幕府の公の日誌に出てきます。親鸞聖人もそういう危機、飢餓に直面し、上野の国の佐貫で衆生利益を祈って三部経の千部読誦を発願し、それを中止されたのです。この出来事を、親鸞聖人の奥様の恵信尼公が、こんなことがありましたと、覚信尼公に伝えています。

よくよく案じてみれば、この十七八年がそのかみ、げにげにしく『三部経』を千部読みて、衆生利益のためにとて、読みはじめてありしを、これは何事ぞ、自信教人信、難中転更難とて、身ずから信じ、人をおしえて信ぜしむる事、まことの仏恩を報いたてまつるものと信じながら、名号の他には、何事の不足にて、必ず経を読まんとするやと、思いかえして、読まざりしことの、

（『恵信尼消息』第五通、聖典六一九頁）

ここに、自力の執心という問題があります。本願に帰した身でありながら、しかし帰しえない。そういう嘆きを、深くお持ちになられたのです。親鸞聖人は、思い返して読まなかったと伝えられます。このときに、信仰生活の危機に直面したわけです。他力の教えに帰した身でありながら、その教えを信頼しきるということができずに、さまざまな自力の計らいの中で迷い惑われたのです。ここに、信仰の危機が現前している。これが、いわゆる仏智疑惑です。たとえば、御和讃では、

自力諸善のひとはみな　仏智の不思議をうたがえば
自業自得の道理にて　七宝の獄にぞいりにける
仏智不思議をうたがいて　善本徳本たのむひと
辺地懈慢にうまるれば　大慈大悲はえざりけり

（『正像末和讃』「疑惑和讃」聖典五〇六頁）

と詠われています。『大無量寿経』下巻の「開顕智慧段」、開化段とも智慧段ともいわれますが、そこに疑惑について説かれています。親鸞聖人は、この「開顕智慧段」の一節を、第二十願、植諸徳本の願の願成就文とされているのです。

二　専修にして雑心

このような信心のあり方を、親鸞聖人は、「専修にして雑心」という言葉で説かれています。専修は、念仏を専ら修するから専修なのですが、それを受け止める心が雑心であるというのです。

真に知りぬ。専修にして雑心なるものは大慶喜心を獲ず。（「化身土巻」聖典三五五頁）

といわれます。専修念仏の形を執持しながらも自力執心である者は、大きな喜びを得ることができない。そして「宗師（善導）は」として、『往生礼讃』の文を引いて、真門の機の四失を挙げられます。

「かの仏恩を念報することなし、業行を作すといえども心に軽慢を生ず。常に名利と相応するがゆえに、人我おのずから覆いて同行・善知識に親近せざるがゆえに、楽みて雑縁に近づきて、往生の正行を自障障他するがゆえに」と云えり。（「化身土巻」聖典三五五～三五六頁）

一つ目の失は、「かの仏恩を念報することなし」ということ、二つ目の失は、「業行を作すといえども心に軽慢を生ず」。三つ目は「常に名利と相応するがゆえに、人我おのずから覆いて同行・善知識に親近せざるがゆえに」。四つ目の失は、「楽みて雑縁に近づきて、往生の正行を自障障他するがゆえに」と、このように四つの過失を出しておられます。『往生礼讃』に説かれている、十三の過失の中の九つを、第十九願の過失として要門に配置します。そして後の四つは、第二十願の機の失として真門に配置しておられます。ですから、この「専修にして雑心なるもの」は、第二十願を通して自覚せしめられる機の課題ということになります。

三　悲　歎

そのような機であることを、親鸞聖人は痛んで、その次の文章に、

悲しきかな、垢障の凡愚、無際より已来、助・正間雑し、定散心雑するがゆえに、出離その期なし。自ら流転輪回を度るに、微塵劫を超過すれども、仏願力に帰しがたく、大信海に入りがたし。良に傷嗟すべし、深く悲歎すべし。（「化身土巻」聖典三五六頁）

と記しておられます。二十願の機は、念仏に帰依しながらも、もろもろの善本徳本を植えて、これを回向して浄土に生まれようとする人です。自力執心が残っている念仏者、本願に帰した身でありながら、本願への信頼を全うすることができずに自力に執し続ける。この第二十願の機の問題は、親鸞聖人自身の信仰の歩みの中で解決を迫られていた難題であったのです。

そこで注意されるのは、親鸞聖人が「無際より已来、助・正間雑し、定散心雑するがゆえに、出

離その期なし」といっておられることです。それは、

曠劫より已来、常に没し常に流転して、出離の縁あることなし。

（「信巻」聖典二一五頁）

という機の深信の教言と明らかに呼応します。「無有出離之縁」です。この機の深信は、深い内省ですけれども、第二十願の自力念仏の意味を省みた親鸞聖人が、機の深信によって内省を深めていかれたということを意味します。自己の罪悪性は、機の深信に見つめられるわけですが、これを『無量寿経』の中に返していきますと、第二十願成就の経文、すなわち智慧段の教説です。信仰の罪は、第二十願成就の経文の中に仏智疑惑の罪として出てまいります。仏智疑惑の罪、これを親鸞聖人は非常に深く見つめられます。親鸞聖人においていちばん深い罪は、本願を疑うということです。晩年になると、仏智を智慧の念仏とか、信心の智慧という言葉で表現されます。機の深信によって内省を深めていかれたのです。「信巻」あるいは「化身土巻」要門の第十九願の釈において、機についてては至誠心、深心、回向発願心の三心をもって、その内実が確かめられますが、真門釈では、深信釈が引用されます。至誠心と回向発願心という、前後の二心の釈は引用されません。そういうところに、不定聚の機の問題性があります。

善導大師の機の深信の師教を通して、自己の心の迷い、それから罪福心をよく見つめ、さらに『大経』第二十願の植諸徳本の願の願文、そして願成就文の『大経』下巻の開顕智慧段の経文と照らしみて、そこに仏智疑惑という罪をあらためて見出していかれる。そこから、「悲しきかな」と自らを悲嘆していかれます。専修に念仏しながらも雑心なるがゆえに、自力で難度海を渡ろうとし

ても、出離その期なしということです。それを「悲しきかな」と悲嘆される。阿弥陀如来の大悲心によって建立された本願の名号を、我がものとするという自力執心によって、自力念仏者は仏智を了知することができないというのです。ここに、

真仮を知らざるに由って、如来広大の恩徳を迷失す。
（「真仏土巻」聖典三二四頁）

といわれるように、「迷失する」という信仰の危機があります。この信仰の危機を、どのようにして突破するか。そこのところで、親鸞聖人において、もう一度師教に帰る、師の教えに帰っていくということが大切な意味を持ったものではないかと思われます。

四　危機の突破―善知識と果遂の誓い

師教は、親鸞聖人にとってどういうものであるかといえば、大師聖人の教えです。親鸞は大師聖人の教えが弥陀の悲願に等しいということを、聖覚法印の言葉を通して述べています。その言葉は、『尊号真像銘文』の言葉ですが、

「倩思教授恩徳実等弥陀悲願者（つらつら教授の恩徳を思うに、まことに弥陀悲願にひとしきもの）」というは、師主のおしえをおもうに、弥陀の悲願にひとしとなり。大師聖人の御おしえの恩おもくふかきことをおもいしるべしとなり。
（『尊号真像銘文』聖典五三〇頁）

そのあと有名な「粉骨可報之摧身可謝之」という言葉が出てきます。「骨を粉にしても報ずべし、

身をくだきても謝すべし」と。そこに「弥陀悲願にひとしきもの」と、「悲願」ということが出てきます。師教は、弥陀の悲願に等しいといわれます。

この真門釈においては、師教を善知識という言葉で押さえています。すなわち善知識釈が続きます。

善知識に遇い、法を聞きよく行ずること、これまた難しとす。（聖典三五一頁）

そして『涅槃経』の言葉が引かれます。

一切梵行の因は善知識なり。（聖典三五二頁）

そしてさらに、「徳王品」から「第一真実の善知識は」（聖典三五三頁）云々とあり、そして『華厳経』の「入法界品」から「汝、善知識を念ずるに」（聖典三五四頁）、そしてさらに『般舟讃』では、「もし本師知識の勧めにあらずは、弥陀の浄土いかんしてか入らん」（聖典三五五頁）と、ずっと善知識をテーマとして述べております。

第二十願の機において、善知識釈がいかに大切かと知られます。善知識とは、言葉を換えれば諸仏の証勧、勧めです。この諸仏の証勧を、『阿弥陀経』の和讃をいただきますと、

恒沙塵数の如来は　万行の少善きらいつつ
名号不思議の信心を　ひとしくひとえにすすめしむ
諸仏の護念証誠は　悲願成就のゆえなれば
金剛心をえんひとは　弥陀の大恩報ずべし

（『浄土和讃』「弥陀経意」聖典四八六頁）

と、『阿弥陀経』の上に第二十願を見ていかれるわけです。「恒沙塵数の如来」とか、「諸仏の護念証誠」と出てきます。諸仏の勧信証誠によって、衆生の信心が諸仏に証誠護念されるものとなる。諸仏の勧めがない限り、衆生の信心ははっきりしない。

「化身土巻」には、

良に勧めすでに恒沙の勧めなれば、信もまた恒沙の信なり、かるがゆえに「甚難」と言えるなり。（聖典三四五頁）

とあります。恒沙の仏が勧められる信であるがゆえに、恒沙の信といわれます。このような諸仏の勧信の背景に、親鸞聖人は、第二十願の果遂の誓いを見ておられます。第二十願の中に、「不果遂者」という言葉が出てきますが、これについて親鸞聖人は、

阿弥陀如来は、もと果遂の誓いを発して、諸有の群生海を悲引したまえり。すでにして悲願います。（「化身土巻」真門釈、聖典三四七頁）

といわれます。果遂とは、必ず果たし遂げようという弥陀の誓いです。名号を称えた功徳で、浄土へ生まれようと思う者、これは自力の念仏者ですが、そういう人を必ず救いたいと誓われるわけです。当面は化土の往生ですが、やがては第十八願の世界へと転入させてやりたいという仏の慈悲です。これが、悲願という言葉で表現されます。悲というのは、悲しみ憐れむということです。自力の念仏者を悲しみ憐れんで、必ずその人たちも第十八願の選択の願海に帰入せしめたいという誓いです。そういう誓いを建てられたということが、親鸞聖人は真門を開いたということだといわれま

す。『浄土和讃』では、

至心回向欲生と　十方衆生を方便し
名号の真門ひらきてぞ　不果遂者と願じける
（『浄土和讃』聖典四八四頁）

と詠っています。まず要門を開き、そしてさらに真門を開かれたということです。要門は第十九願、真門は第二十願。それは何のためであるかというと、第十八願の弘願真宗に引き入れるためです。

親鸞聖人は、自らの信仰の歩みを、いわゆる三願転入という形であらわしていかれます。獲信の大切さ、獲信の意義、そして獲信の根源、これらは「信巻」であらわされます。これに対して、信仰の歩み、むしろ獲信の歴程といったほうがいいかもしれません。それをあらわすのが「化身土巻」の三願転入の文です。ですから親鸞聖人は、たんに信心論を説かれたのではなく、獲信論を説かれたといえます。信心については諸師が説いているわけですが、獲信というところに立って信心の問題を論ずるというところが、親鸞教学の大きな特質です。たんに信心の教相を説くだけではなく、獲信の深義といいますか、そういう甚々の意義を説かれているのが、親鸞教学の大きな特徴だと思います。

五　信仰の歴程

親鸞聖人の獲信の歴程は、一つの個人的な体験ですが、その個人的な体験を、親鸞聖人は普遍の地平に返していかれました。その獲信の歴程が、「三願転入の文」に出てきます。ですから、三願転入は非常に大事な意味を持ちます。この三願転入という呼び名そのものについては、親鸞聖人がいわれているわけではありません。おそらく開華院法住師、近世の大谷派の宗学者ですが、『教行信証金剛録』（『続真宗大系』第八巻、三七〇頁、参照）で用いられたあたりからかと思います。

「三願転入の文」では、まず自己の入信過程が弥陀の本願にいい当てられているとして、第十九願、万行諸善の仮門、要門、双樹林下往生から、それから善知識、論主の解義、宗師の勧化によって第二十願、植諸徳本の真門に回入し、そして今まことに、そしてひとり、第十八願の選択の願海、弘願真宗、難思議往生に転入したと、述懐されます。

ここをもって、愚禿釈の鸞、論主の解義を仰ぎ、宗師の勧化に依って、久しく万行・諸善の仮門を出でて、永く双樹林下の往生を離る、善本・徳本の真門に回入して、ひとえに難思往生の心を発しき。しかるにいま特に方便の真門を出でて、選択の願海に転入せり、速やかに難思往生の心を離れて、難思議往生を遂げんと欲う。果遂の誓い、良に由あるかな。ここに久しく願海に入りて、深く仏恩を知れり。至徳を報謝せんがために、真宗の簡要を摭うて、恒常に不可思議の徳海を称念す。いよいよこれを喜愛し、特にこれを頂戴するなり。

（「化身土巻」聖典三五六～三五七頁）

このように告白しておられます。

この文を、我々は三願転入という言葉で呼んでいるのですが、ただこの言葉は必ずしも適切ではないということで、「三往生転入」と寺川俊昭先生はいっておられます。また、池田勇諦先生は、「三往生回転入」という言葉をお使いになっていたかと思います。今はこの告白を、三願転入という通例のいい方であらわしておきたいと思います。

この文は、いってみれば自分が邪定聚の機としてあったものが、不定聚の機を経て正定聚の機として、段階的に成立したとも見ることができます。「しかるに愚禿釈の鸞」という言葉が示すように、親鸞聖人の個人的な体験として語られるわけですけれども、これは普遍的な宗教的主体形成論として、近代に入ってさまざまな人たちが論じています。つまりこれは、願の中に自分の歩みを見出していく、ちょうどいにしえの人たちが自分の人生を仏さまの掌中に見出したように、自分の信仰の歩みを如来の三願の中の出来事として読み取っていくのです。

六　法の三願と機の三願

願ということでいえば、第十八願、第十九願、第二十願という三願です。そして、機ということでいえば、邪定聚の機、不定聚の機、正定聚の機という三機です。機の側面の願として、三願が出てきます。これは、法の側面の願である、第十二願、第十三願、第十七願の大悲の願に対応するといわれます。曾我量深先生は、法の三願、機の三願といわれます。第十二願、第十三願、第十七願は、法の三願で、大悲の願。第十八願、第十九願、第二十願は、機の三願で「悲願」。大悲の願と悲願、このように親鸞聖人は表現しておられます。その願が、法の三願と機の三願として対応してくる。機法を願の上に見ていかれるわけです。昔の御講者は、大悲の願といえば第十七願に見ておられますが、第十二願、第十三願も大悲の願でしょう。どうしてかというと、「真仏土巻」に「大悲の誓願に酬報するがゆえに」（聖典三〇〇頁）という言葉が出てくるからです。ですから、曾我量深先生は、第十二願、第十三願、第十七願は法の三願といわれるのです。それに対して、機の三願は、正定聚の機、邪定聚の機、不定聚の機の三機で、ここに悲願を見出すことができると押さえておられます。

「すでにして悲願います」（聖典三二六頁、三四七頁）ということが、第十九願と第二十願についていわれます。私たちが「化身土巻」で悲願といわれることについて考える場合に、曾我先生の指摘は一つの示唆を与えてくれると思います。

曾我先生は、またつぎのようなこともいっておられます。

機の方には三願転入ということを言いますが、この三願転入ということもですね、畢竟ずるにこの法の三願というものがあって不可思議の法のお徳というものがあってはじめて三願転入ということがおこなわれるのである。機の三願ということは言うけれども法の三願ということはあまりはっきりしておらない。それでありますからして私は十八、十九、二十の三願、至心信楽の願、至心発願の願、至心回向の願、この三願は我々衆生の閉じられておる機がだんだん開発されてくることを示すものでございますが、何によってそれができるのかというならば、法の三願があるから、この法の三願のお手だてというものによって機の転入ということが成就してくるのである。このように思うわけでございます。

（『正信念仏偈聴記』『曾我量深選集』九巻、三五頁、彌生書房）

と、このように述べられます。三願転入ということで、法の三願の手だてということがはたらく、法の三願と機の三願を明確に区分して、三願転入というものを論理づけられています。

七　獲信のプロセス

「三願転入の文」を読んでみますと、「選択の願海に転入せり」、「久しく願海に入りて」、「不可思議の徳海を称念す」というように、「海」という言葉が出てきます。そういうことを思いますと、我々における魂の航海といいますか、そういうものとしても見ることができるのではないかと思うのです。海の隠喩、メタファーという言葉を使いますが、三願転入の文を拝読いたしますと、海の譬えで表白されることが注意されます。それについて私は、かつてこんなことを書いたことがありました。それをちょっと紹介しておきます。

この三願転入の文において、親鸞はあたかも第十九願の岸辺から出帆した船が、第二十願の難所を経て、第十八願の広海に入ったというかのように、「願海」あるいは「不可思議の徳海」という言葉を用いて、自らの精神の遍歴について語っている。私たちは、いわば海のイメージを介して、この転入の告白を解釈することもできるであろう。

（『増補新訂親鸞と危機意識』九一頁、文栄堂）

このように、三願転入について述べたことがあります。第十九願、第二十願、第十八願という展開の中に、非常に本願のダイナミックなはたらきが窺われます。そこに、大悲の願と悲願というはたらきをみることができます。信の構造を悲願の構造として見ていく。願とは、大悲の願とそして悲願ですが、願の構造として見ることができるわけです。そういう意味において、親鸞聖人の信心は構造的に見ていくことができます。

八　回入と転入

親鸞聖人は、言葉が非常に厳密ですから、回入という言葉と転入という言葉を使い分けておられます。「善本・徳本の真門に回入して」、そして「選択の願海に転入せり」と、真門へは「回入」といわれ、願海へは「転入」といわれています。このように、回入と転入というように使い分けておられます。その転入がどうして成り立つかといえば、果遂の誓いによって成り立つといわれます。ですから「果遂の誓い、良に由あるかな」といわれてくるわけです。回入は「凡聖逆謗斉回入」（聖典二〇四頁）という『正信偈』の偈文で親しい言葉です。この偈文について親鸞聖人は、「凡聖逆謗斉回入」というは、小聖・凡夫・五逆・謗法・無戒・闡提みな回心して、真実信心海に帰入しぬれば、衆水の海にいりて、ひとつあじわいとなるがごとしとたとえたるなり。

（『尊号真像銘文』聖典五三二頁）

と釈義されています。一方、転入については、

定散自力の称名は　果遂のちかいに帰してこそ

おしえざれども自然に　真如の門に転入する

（『浄土和讃』「大経意」聖典四八四頁）

と和讃されます。

転入は、回心に違いないのですが、そうすると転入したのはいつかという問題が出てきます。特に、「しかるにいま特に方便の真門を出でて、選択の願海に転入せり」といわれる、その「今」とはいつなのかということが問題になってきます。これは、三願転入を考えるときの、一つのポイントになります。親鸞聖人は、法然門下のときに選択の本願に帰されたはずなのに、どうしてあえて、「いま特に」と強調されるのか。この問題は、考えなくてはいけないことです。それについては、いろいろな方々が、いろいろなことをいっておられます。

九　隆寛の三願転入論

この三願転入論ですが、これは親鸞聖人だけのことではなく、他の先達にもあるのではないかという見方がないわけではありません。往生を、第十九願、第二十願、第十八願という三願に見て、

三機に配当するということについては、隆寛律師が次のようなことをいっておられます。

念仏往生の機に機の差別あり乎。答う。大経の心を案ずるに、三種の別あり。所謂、十八、十九、二十願是其の証なり。（中略）第十八願の機に必ず、この三心を具すのみ。十九願の機は、発菩提心修諸功徳の人、縁に遇って心を発して、来迎を蒙り、往生とを得る是也。此の機の中に、三輩あり、其の相大経並びに鸞師の略論等之を見るべけんや。二十願の機は、念仏と余行を兼修して、信心決定せざる人、たちまちに縁に遇って三心を発して、他力に依るゆえに、果以って往生を遂げる也

（『極楽浄土宗義』『隆寛律師全集』一、七九頁）

こういう言葉があります。したがって、三願三機三往生という見方は、隆寛律師にも見ることができるわけです。それは、三願を正定聚、邪定聚、不定聚の三定聚で受けて、要門、真門、弘願門と開かれた、親鸞聖人の三願観に通じるものがあります。ただ隆寛律師の場合は、その三願をいわゆる別機として見ていきます。つまり「三種の別あり」というように別機で見ていく。こういう人がありますよと、一種の区分けという形で見ていくわけです。ところが親鸞聖人の場合は、一機の上に見ておられます。双樹林下往生、難思往生、難思議往生という往生の展開を、別機の上に見るのではなく、愚禿釈親鸞という自分一人の上に見ておられる。そのように、一機の上に見ていくということがあります。三願そのものを、一つの信仰のプロセスとして見ていかれる。一方、隆寛律師の方は、信の類別として見ていく。そこに、親鸞聖人の三願転入論との違いがあろうかと思います。親鸞聖人は、しかし隆寛律師から本願論を学ばれた。親鸞聖人の師は法然上人です。法然上人は、

一願建立です。ところが親鸞は、二願に分相していかれる。二願に分相していくについては、聖覚法印が『唯信鈔』の中で第十七願と第十八願を連引していますが、これはおそらく親鸞聖人にとっては示唆的だったでしょう。そして、聖覚法印と並んで親鸞聖人の尊敬された方が隆寛律師です。隆寛律師は、三願を立てられます。分相といってもいいのかもしれません。第十七願、第十八願は、聖覚法印の示唆があったかも知れません。親鸞聖人は、『唯信鈔』を深く読み、『唯信鈔文意』もお作りになっています。隆寛律師について、『極楽浄土宗義』を親鸞聖人がお読みになったかどうかはわかりませんけれども、しかし『一念多念分別事』について『一念多念文意』をお書きになっていますあるいは隆寛律師に仮託された、『後世物語』を大切にされています。実際に、隆寛律師からも本願について考えるについて何らかの示唆を受けられたのではないかと思います。法然上人は、総論的なことを語られた方だと思います。それに対して、総論の中の各論といいますか、内部構造を非常に精密にみていかれるところに、親鸞聖人の教学の特質があったかと思います。法然上人が、大きく語られたものを、非常に厳密に分析的に語っていかれたのが、親鸞聖人であるといっていいかもしれません。法然上人の教学を、平面的であるということはできないですけれども、法然上人の教学を、立体的にあるいは構造的に考えていかれたところに親鸞聖人の特質があろうかと思います。

十　転回時点に関して

三願転入論については、いろいろな方々が論じてこられたわけですが、特に信仰の歴程ということから、それを体験年次に当てはめて、転回時点について論じることもおこなわれてきました。それには、いくつかの説があります。私の『親鸞と危機意識』の中にある一節を通して紹介させていただきます。

まず、(1)比叡山時代を第十九願・第二十願時代にあて、吉水入室を第十八願転入とする説。これは笠原一男氏や赤松俊秀氏の説です。そして、(2)建仁元年の吉水入室以前に第十九願・第二十願の時代をみて、まもなく吉水門下で第十八願に転入したとする説。これは御講者の皆往院師の説です。それから、(3)比叡山時代を第十九願、吉水時代を第二十願、越後時代を第十八願転入の時とする説。これは山田文昭氏の説です。あるいは、(4)比叡山時代を第十九願、吉水・越後時代を第二十願、元仁元年の『教行信証』撰述のときを第十八願転入時とする説。これは家永三郎氏、また古田武彦氏もそうだったと思います。それから、(5)三願転入を生涯の特定の時節にあてず、「今特に」の表記を建仁元年の回心から続く宗教的反覆の時間とみる説。これは稲葉秀賢氏の説です。あるいは、(6)この文を客観的歴史記述ととらえずに、宗教的告白とみて、年代的解釈を不当とする説。これは三木清の説です。そして、(7)三願転入を段階的に考えるのではなく、建仁元年に第十九願から第十八願へ転入したが、その後第二十願上に自己の信仰が反省されたとして、これを立体的にみる説。これは曾我量深先生、松原祐善先生などの説です。

そういうように、三願転入の転回時点については、それぞれの先覚がいろいろな意見を持っており、どれと特定できないのですけれど、基本的には江戸宗学以来の伝統的な従仮入真論を踏襲して、直線的に考えていく立場に立っている学者が今も少なくありません。信楽峻麿氏は、従来の見解に異を唱えておられるようです。

信心に生きる、信心を相続することは、自己の心の奥底に残存するところの、真門自力の心を打ち破りながら、第二十願の真門から第十八願の真実に繰りかえして転入しつづけてゆくことである、と理解するものがある。私もかつては、そのような説に賛意を表したこともあったが、やはりそういう領解は問題であると考える。

とし、

ここで親鸞が今まさに方便の真門を出でて選択の願海に転入せりとあかすものは、既に本願に帰入した上での信心の相続の体、真実信心に生きていくということについて、その意味での称名念仏の中で発見していくところの我執自力の辛苦を脱ぎ捨てながら、いよいよ願海に転入していくという心的構造について語ったものに他ならないわけであろう。

（『改訂親鸞における信の研究』下、『信楽峻麿著作集』3、一三〇頁、法藏館）

と領解しておられます。信楽先生の立場を単純化しお叱りを受けるかもしれませんが、ある意味において、第十九願、第二十願、第十八願と求心的に考えていくご見解だと思います。こういう領解を一方で認めつつも、私自身は、第十八願に帰するということは、親鸞聖人においてはすでに二十九歳の回心の時にあったわけですから、その回心の時に第十九願から第十八願に入られた。しかし、そこで機の反省がおこってきたと考えたいのです。それがたとえば、三部経の千部読誦の自力の執心の反省です。そういうところに、第二十願が発見されてくる。私たちが生きている限りにおいて、自力の執心は離れない。しかし自力の執心が第十八願に照らされて、また見えてくる。いってみれば、第二十願と第十八願が、両々照らし合わせているような関係なのではないかと思います。第十八願に入ったからそれでもういいというのではなく、第十八願に入った、すなわち念仏に帰したあとに、仏智疑惑が棄てきれないものとして常に残ってくる。三願転入は、プロセス的ではあるけれども、立体的構造をもっていると理解されるべきだと思います。

表現としては、説筆次第ということがありますから、ものごとを文章に書く場合には、どうしても次第順序的に書かなければなりません。しかし次第順序的に書いても、それはじつは事柄としてはもっと複雑な内容を持っているわけです。「本願を信じ、念仏をもうさば仏になる」（『歎異抄』第十二章、聖典六三一頁）という教言は、その通りですけれども、信心が先なのか念仏が先なのかとなると、簡単に信心が先で念仏が後というわけにはいきません。やはり念仏申すところに、信心が受け止められなければいけない。しかし信心を離れて念仏があるわけではない。「本願を信じ、念仏をもうさば」というのであれば、『教行信証』は「信巻」の後に「行巻」がこないといけない。どうして「行巻」が先にくるのか、そういう問題があるわけです。やはり順序次第ということは、単純なものではない。非常にデリケートなものなのです。そこのところは、プロセス的であるけれども、立体的な構造を持っていると理解していくというのがよいのではないかと思います。

いずれにしても、向下的過程というべきでしょう。「浄土宗のひとは愚者になりて往生す」(『末燈鈔』聖典六〇三頁)という言葉が法然上人にあります。親鸞聖人が法然上人からお聞きした言葉として、『末燈鈔』に伝えられていますが、愚者になるとは愚者に還る、還愚ということ、向下的プロセスといってもいいでしょう。そういう過程があるわけで、三願転入は自分が上の方に向かっていくのではなく、ますます下の方に降りてくる。いわば自己否定を伴うわけです。そういうものとして見ていかないと、信心の沙汰がたんに学問沙汰になってしまいます。そのように、三願転入を論じることになってしまいます。本来は、三願転入をどう受け止めていくかという問題です。そうでないと学問沙汰になって、肝尽な信心の沙汰にならない。信心の沙汰ということになりますと、どこまでも自分が愚者になるというその一点は外せない。そういう意味で、どのようなスタンスをとるのか、三願転入論をおこなう場合のひとつの視点として、大切にしたいと思います。

おわりに

『教行信証』「化身土巻」の視角から、親鸞聖人の「信の構造」の問題の一端を考えてきたのですが、浄土真宗は、他の仏教の流れの中で、もっとも信心を大切にします。蓮如上人は、聖人一流の御勧化のおもむきは、信心をもって本とせられ候う。そのゆえは、もろもろの雑行をなげすてて、一心に弥陀に帰命すれば、不可思議の願力として、仏のかたより往生は治定せしめたまう。

（『御文』五帖目第十通、聖典八三七頁）

といわれます。また『蓮如上人御一代記聞書』には、

「往生は、一人一人のしのぎなり。一人一人に仏法を信じて後生をたすかることなり。余所ごとのように思うこと、且つはわが身をしらぬ事なり」と。

（『蓮如上人御一代記聞書』一七二、聖典八八五頁）

とあります。この言葉が示しているように、信心は一人一人がいただくべき問題であって、これについて学問沙汰することは、信心の問題を自分抜きに考えてしまうことにもなりかねないのです。ただ、私の上に信心が成立してくるには、道理というものがあります。信心は奇蹟信仰ではありません。私たちが信心といっているのは、ややもすると主観的信仰に陥りかねない。その主観的信仰は、自分の思いによって勝手に作り上げた信心です。そういう恣意的信仰を破って、私たちの信仰を道理のもとに導いてくれる、それが教相です。ですから、親鸞聖人が『教行信証』を著わされたのも、自らの獲信体験に立って信心成立の道理を明らかにする意図があったわけです。この道理を真実の立場からあらわしているのが、『教行信証』の前五巻です。そしてその道理を方便の立場からあらわしたのが「化身土巻」です。その方便によって、真実への道筋が開かれる。したがって、その「顕浄土方便化身土文類」を通して、我々は信心の歩むべき道筋を学ぶことができるわけです。

そのような意味において、親鸞聖人が、「化身土巻」を著わしてくださったことには、非常に大きな意味があります。また同時に、そういう道筋をつけてくださったところに、親鸞教学の大きな意味があるのではないかと思います。

願生浄土——往生の信心——

大経往生というは、如来選択の本願、不可思議の願海、これを他力ともうすなり。これすなわち念仏往生の願因によりて、必至滅度の願果をうるなり。現生に正定聚のくらいに住して、かならず真実報土にいたる。これは阿弥陀如来の往相回向の真因なるがゆえに、無上涅槃のさとりをひらく。これを『大経』の宗致とす。このゆえに大経往生ともうす。また難思議往生ともうすなり。

（『浄土三経往生文類』、聖典四六八頁）

はじめに

ただ今ご紹介にあずかりました、大谷大学の安冨です。この龍谷大学大学院真宗研究会は、現在のご門主である即如上人が大学院博士課程に在学しておられたときに、自らの発意で創設されたという伝統ある研究会であるとお聞きしております。

今回、このような会にお招きにあずかり、たいへん光栄に存じております。この冬ですが、会長の加藤英象さんが大学の私の研究室にお見えになり、今回の研究会で話すようにとご依頼をいただきました。

私自身、大谷大学の大学院の学生であったころ、この龍谷大学の大学院生の方々とよく会合を開いたり、お酒を飲んだりしたことが思い出されます。今、こちらの大学におられる方では、林智康先生は、そのお一人です。当時は、一方では宗門が大変に混乱しておって、憂宗の気持ちもあって、色々と意見交換し合ったりしていたことです。でも割合にのんびりとした時分で、様々なことを忌憚なく話し合っておりました。共に親鸞聖人の教えを学ぶ者として、お互いに交流して学びを深め合っていくということは非常に大切なことだと思います。ともあれ、そんな交流があったことを思い出して、今回の研究会に有り難く参上したようなことでございます。

テーマとして「往生浄土」について、お話いただきたいということでした。浄土真宗において、往生の問題は根幹に関わる事柄です。このテーマに関しては、私よりよほどふさわしい方々が私のまわりにもおられるわけです。ただ、せっかく学生さんが研究室までお見えになられたので、無下にお断りもできないと思い、参らせていただいたようなことです。本日この会場には、学生さんだけではなく、一般の方々も多数ご参会しておられるようで、少し緊張しております。

私の学生時代の恩師は、松原祐善という先生です。先般、卒業生を中心に十七回忌の法要を営んだことです。この方は大谷大学の学長も務められた方ですけれども、私ども学生に対して、「君たち、本当に浄土に生まれたいと思っているのですか」と、そう問いかけられたことが思い出されます。「往生浄土」というテーマをいただいた時に、ふと蘇ったのが、その松原先生のお言葉でした。学生時代のときは、「浄土に生まれたい」という以前に、一体「浄土とは何か」ということ自体が自分でも分からない、だから教室に坐っている、というそんな気持ちだったのではないかと思います。

この「往生浄土」というテーマは、とりわけ学界では、例の『岩波仏教辞典』で「往生」についての記事をめぐって、大きな話題になりました。先程ご講演された内藤知康先生が、以前からずいぶん健筆を振るっておられることです。そういうことでは内藤先生のご発表の後に、私が何かお話させていただくということが果してふさわしいのかどうかと、危惧するところが多分にあります。先程、内藤先生は、村上速水先生や山本仏骨先生のことを回想してお話くださったわけですけれども、私自身も学生時代の松原先生の問いかけを思い出しました。そこで、今日は、教学的なテーマをいただきましたけれども、私自身はもう少し信仰的なテーマとして、この問題について少し整理してお話をしたいと思いました。それで「願生浄土―往生の信心―」という講題を出しました。「願生浄土」という言葉は、先程も内藤先生がお話くださいましたけれども、『大無量寿経』の本願成就文に「願生彼国」という言葉がございますし、また『浄土論』に「願生偈」といっておりますけれども、その冒頭の帰敬の表白に「帰命尽十方　無碍光如来　願生安楽国」（聖典一三五頁）という言葉が出てきます。この「願生安楽国」という言葉につきましては、曇鸞大師が『論註』に、

「願生安楽国」は、この一句はこれ作願門なり。天親菩薩の帰命の意なり。（「行巻」聖典一六九頁）

と、このように釈されているわけです。それで、この「帰命の意」が「願生安楽国」と表白されたということです。この願生浄土の心、すなわち願生心は、浄土真宗にとって最もベーシックな事柄でございます。

またサブタイトルの「往生の信心」という言葉は、『歎異抄』「後序」に伝えられる「信心一異」の諍論において、親鸞聖人が用いられた言葉です。すなわち、つぎの述懐、

聖人の御智慧才覚ひろくおわしますに、一ならんともうさばこそ、ひがごとならめ。往生の信心においては、まったくことなることなし、ただひとつなり。（『歎異抄』「後序」聖典六三九頁）

に由来します。これらの問題を少し私なりに整理しながら、今回のテーマである「往生浄土」という問題について、幾分でもアプローチさせていただければと思います。

一、願生の仏者

一　後世のいのり

親鸞聖人のご生涯につきましては、さまざまな角度から見ることができますけれども、一つの視点としては、親鸞聖人という方は、「願生浄土の仏者」といいますか、「願生者」というか、浄土に生まれることを願われた仏者であるということができます。その九十年のご生涯の求道の出発には、長い生死の苦悩がありました。どのように生死の問題にぶつかられたかということについては、資料的には分かりませんけれども、非常に深い「生の危機感」に沈んだということは確かだと思います。その生死の苦悩を超える道を、「後世をいのる」という形で求められたわけです。これにつきましては、『恵信尼消息』、あるいは『恵信尼文書』と呼んでおられるかもしれませんが、

山を出でて、六角堂に百日こもらせ給いて、後世を祈らせ給いけるに、九十五日のあか月、聖徳太子の文をむすびて、示現にあずからせ給いて候いければ、やがてそのあか月、出でさせ給いて、後世の助からんずる縁にあいまいらせんと、（中略）参りてありしに、ただ、後世の事は、善き人にも悪しきにも、同じように、生死出ずべきみちをば、ただ一筋に仰せられ候いしをうけ給わりさだめて候いしかば、（後略）

（『恵信尼消息』三、聖典六一六～六一七頁）

という言葉が残されています。「後世を祈らせ給いける」ということは、漠然と死後の世界に生まれる、転生といいますか、あの世の生を求めるということではなく、生死の迷いを超えた世界を願うということです。この出離生死の道を、法然上人は「ただ念仏申す」という生き方を示して教えられました。その念仏の教えは、「選択本願の念仏」ということであり、これについて著された書物が『選択本願念仏集』です。

親鸞聖人が、法然上人の門に入られたのは、建仁元（一二〇一）年の二十九歳の年ですけれども、入門四年後の三十三歳の時に『選択集』を書写することを許されます。そのことについて、感激を込めてその事実を、

しかるに既に製作を書写し、真影を図画せり。これ専念正業の徳なり、これ決定往生の徴なり。仍って悲喜の涙を抑えて由来の縁を註す。（「後序」聖典四〇〇頁）

と、『教行信証』の「後序」の中で記しておられます。親鸞聖人は、プライベートな事柄については、ほとんど何も語ることのない方でしたけれども、『選択集』の書写と真影の図画につきましては、はっきりと明記しておられます。その深い感激の中で、「これ決定往生の徴なり」と記しておられます。往生が決定した徴ということです。この「徴」という漢字ですが、動詞と名詞の意味があります。『漢和辞典』には、名詞では「メシ（シルシ、効験）」、それから「キザシ（兆候、シルシ、アカシ）」というような意味が記されています。念仏の道こそ決定往生の一道であるという確信を、法然上人の『選択集』を書写することにおいてえられた。法然上人が書写を許されたという

ことは、親鸞聖人が『選択集』の心が分かる人だと見定められた。そういうことから、書写を許されたものと思います。この『選択集』を親鸞聖人は、「希有最勝の華文」（聖典四〇〇頁）と『教行信証』の「後序」の中では呼んでおられます。

二　普く衆生と共に

この「希有最勝の華文」と絶賛する『選択集』に出会ったということは、親鸞聖人にとって、大きな意義があったわけですが、さらに流罪に遭われて以後、もう一つの「華文」と呼ばれる書物に出会われます。それが「一心の華文」（「信巻」「別序」聖典二一〇頁）、すなわち『願生偈』です。その出会いを契機に、親鸞聖人は、「愚禿親鸞」と名告られます。そのことは、天親菩薩の『浄土論』（願生偈）と曇鸞大師の『論註』と出会ったということを意味します。そして流罪のなかで、法然上人の「ただ念仏」の教えを、

ただ信仏の因縁をもって浄土に生ぜんと願ず。仏願力に乗じて、便ち彼の清浄の土に往生を得。仏力住持して即ち大乗正定の聚に入る。（『浄土論註』真聖全一、二七九頁）

と受け止められます。仏願力に住持されて、浄土に生まれんと願じ、そして往生することをえるという、そういう道です。「ただ念仏」の教えと、「ただ信仏の因縁をもって浄土に生ぜんと願ず」という教えとが、「ただ」という一点において呼応するように思われます。このことが、『論註』を通

して明瞭になってくる。越後の流罪地で「いなかのひとびと」と共に交わる中で、「大乗正定の聚に入る」というように、願生の仏道が大乗の仏道であり、そして「普共諸衆生（あまねくもろもろの衆生とともに）」（『浄土論』聖典一三八頁）という、そういう仏道であるということを確信されることになります。

三　難思議往生の告白

生死の苦悩を超える道を、親鸞聖人は、このようにして往生浄土、あるいは願生浄土の一道に見出して歩んでこられたわけです。そういう意味において、私は、親鸞聖人を「願生の仏者」と仰ぐのですけれども、親鸞聖人ご自身は、自らの魂の歴程について、次ぎのように述べておられます。

ここをもって、愚禿釈の鸞、論主の解義を仰ぎ、宗師の勧化に依って、久しく万行・諸善の仮門を出でて、永く双樹林下の往生を離る、善本・徳本の真門に回入して、ひとえに難思往生の心を発しき。しかるにいま特に方便の真門を出でて、選択の願海に転入せり。速やかに難思往生の心を離れて、難思議往生を遂げんと欲う。果遂の誓い、良に由あるかな。ここに久しく願海に入りて、深く仏恩を知れり。至徳を報謝せんがために、真宗の簡要を摭うて、恒常に不可思議の徳海を称念す。いよいよこれを喜愛し、特にこれを頂戴するなり。

（「化身土巻」聖典三五六～三五七頁）

と、このように振り返っておられます。いわゆる「三願転入」と言われる文です。

この三願転入という語は、親鸞聖人にあるわけではありません。『六要鈔』にも見られません。法住の『教行信証金剛録』には「三願転入」の語が見えますから、おそらく近世から後に用いられた術語であろうかと思います。

これによりますと親鸞聖人は、自らの歩みを、第十九願「万行・諸善の仮門」(要門・双樹林下往生)から、第二十願「善本・徳本の真門」(難思往生)に回入し、最後に第十八願「選択の願海」(弘願真宗)に入り、そして「難思議往生を遂げんと欲う」と、このようにいわれます。双樹林下往生・難思往生・難思議往生という呼称は、善導大師の『法事讃』(真聖全一、五六五頁)に依りながら、その主旨はまったく親鸞聖人の真仮の批判によって意味づけられています。自らの求道のプロセスを、三往生において見るのですから、「三願転入」というよりは、むしろ「三往生転入」(寺川俊昭先生)、あるいは「三往生回転入」(池田勇諦先生)と呼ぶのが適切かもしれません。

このように親鸞聖人は、自ら求道の歩みを「往生の一道」の歩みとして振り返られるわけです。しかも「難思議往生を遂げんと欲う」といわれるように、真実の往生を未来形で語っておられることに注意する必要があろうかと思います。死後ということではなく、近未来ということだと思いますが、ともかく未来形という時制で往生について語っておられます。

四　証道いま盛なり

親鸞聖人には、『三経往生文類』という、八十三歳の著述（略本）と八十五歳の著述（広本）があり、その往生観をうかがうために大切な書物です。いまは触れませんが、本書は参照しておかなければなりません。この難思議往生は「顕浄土真実証文類」すなわち「証巻」の標挙となっております。この「証」について、直接それを指すかどうかということは、あるいは議論があるかと思います。けれども、たとえば、

竊かに以みれば、聖道の諸教は行証久しく廃れ、浄土の真宗は証道いま盛なり。

（「後序」聖典三九八頁）

と、「いま盛なり」といわれます。このように証道が、未来形ではなくて現在形で語られているということも、同時に注意されます。この場合は、難思議往生への「証道がいま盛りなり」と、あるいは解釈するべきなのかもしれません。一つの道筋として語られたとも、受け取ることができます。こうして見ますと、往生を時の一点として見るのではなくして、「証道」というように、連続的な道として、あるいは線、ラインとして見ることもできるのではないかと思うのです。

二、願生心の底を貫くもの

一　欲向西行

唐の善導大師は、浄土を求めて歩む人間の宗教心の歩みを、「二河白道の譬」によってあらわしておられます。簡単に申しますと、一人の旅人が、水火二河の間にかすかな白道を見出して、これを釈迦・弥陀二尊の発遣と招喚の声に励まされて白道を歩み、彼岸の浄土に到るという寓話です。その寓話の最初に、

人ありて西に向かいて行かんと欲するに百千の里ならん、（「信巻」聖典二一九頁）

と、このように説き出されています。火の河・水の河にさいなまれながら、「西に向かいて行かんと欲する（欲向西行）」、西に向かって行かんとする、すなわち、一つの方向、願いを求めて生きていく、つまり出離生死の道を歩まんと欲するわけです。この「百千の里」という語は、人生の遠さを思わせます。水火二河は、生死の迷い、貪愛と瞋憎を象徴しているといわれます。けれども、そういう煩悩的存在でありながら、しかし本来的にそこから抜け出して、菩提を求めて生きていきたいという欲求がある。そういうことを、「欲向西行」という言葉は示しているように思います。そういう意味からして、ここに人間の宗教的欲求というものが象徴されているのではないかともうか

がわれます。人間は、こういう根源的な要求を持った宗教的存在としてとらえられる。「二河白道の譬」は、人間の宗教的存在構造を示す一つの寓話と見ることも、あるいはできるかもしれません。善導大師は、自らの宗教体験を基にして、古来の類似の例話を念頭において、この寓話を創作されたのではないでしょうか。

二　「欲生我国」の呼びかけ

「西に向かいて行かんと欲する（欲向西行）」という意欲は、人間の宗教的な要求でありながらも、釈迦の発遣・弥陀の招喚という促しの声によって発起すると、善導大師は教えられます。そこには、阿弥陀仏の本願の招喚、つまり呼びかけが根底に、あるいは背景にあるとうかがわれます。すなわち「欲向西行」の根源に、ある意味で「欲生我国」、つまり「我が国に生まれんとおもえ」という呼びかけがはたらいている。「欲向西行」の方は、行者の宗教的な欲求なのですけれども、しかし後の「欲生我国」の方は、生まれんと願えという弥陀の促しの言葉となるわけです。その二つの「欲」が通じてくるとうかがわれます。

それで、この「欲生」という言葉は、先程の三願に返しますと、「至心信楽欲生我国」（第十八願）、それから、「至心発願欲生我国」（第十九願）、「至心回向欲生我国」（第二十願）というように出てきます。浄土に生まれようと願う、その衆生の願生心、その心を貫いて如来の「我が国に生まれんと欲え」という願心がはたらいている。その欲生の願心は、個々別々に呼びかけられるのではなくして、衆生の願生心の深さに応じて、願心の奥底から一貫して呼びかけられてきます。その願心の最も深い奥底から呼びかけてくるものが、第十八願の欲生の願心、すなわち欲生心であろうと思います。

この「欲生我国」の促しの声は、私たち自身の日常の聞法を通して信知されるものと思います。この「欲生我国」の促しの声が、三願に通底している。第十八願・第十九願・第二十願の三願に通底しているということは、私たちの聞法生活の歩みにあらわれてくる願心の次第的顕現、すなわち次第順序的に起ちあらわれてくるもの、そのように見ることができるのではないかと思います。

浄土に生まれたいという要求、生死の迷いを超えた仏の世界を願求するという、そういう宗教的な欲求、これは浄土教の帰依者の全ての根底に流れる根本的動機です。しかしこの真実の欲生心は、凡夫が自ら起こしうるような欲求ではありません。自力の我執に生きる凡夫は、あるいは「至心発願」(第十九願)あるいは「至心回向」(第二十願)、これをもって体として、浄土に生まれようと願う。しかし真実の欲生心は、「至心信楽」(第十八願)、この他力の信心をもって体とするわけです。

これについて親鸞聖人は、

欲生我国というは、他力の至心信楽のこころをもって、安楽浄土にうまれんとおもえとなり。

(『尊号真像銘文』聖典五一二頁)

と教示しておられます。ここに、「至心に信楽して我が国に生まれよ」と招喚して止まない大悲の心がうかがわれます。

三　欲　生　心

あらゆる衆生に「我が国に生まれよ」と呼びかけるこの欲生の願心について、親鸞聖人は、「三一問答・欲生心釈」のところで、つぎのように述べられます。

次に「欲生」と言うは、すなわちこれ如来、諸有の群生を招喚したまうの勅命なり。すなわち真実の信楽をもって欲生の体とするなり。誠にこれ、大小・凡聖・定散・自力の回向にあらず。かるがゆえに「不回向」と名づくるなり。（「信巻」聖典二三二頁）

と示しておられます。ここに「諸有の群生を招喚したまうの勅命なり」とありますが、それは、あらゆる生きとし生けるもの、「群生」を招き喚ばう勅命であるといわれる。この「招喚」という言葉は、先程引用した「二河白道の譬」に出てくる語で、弥陀の呼びかけです。それにさらに「勅命」という言葉が加えてあります。この勅命とは、絶対的な命令です。ですから親鸞聖人は、自らの宗教体験に照らして、衆生に発起する願生心に「我が国に生まれんと欲え」という願心招喚の絶対的な命令を見出されたものと思います。

四　欲生心成就文

この本願の欲生心は、衆生の上に成就して願生心となるわけですが、その欲生心の成就は次のようです。

ここもって本願の欲生心成就の文、『経』に言わく、至心回向したまへり。かの国に生まれんと願ずれば、すなはち往生を得、不退転に住せんと。唯五逆と誹謗正法とを除く、と。

（「信巻」二三三頁）

と示されています。これが『無量寿経』下巻の冒頭に出てくる「本願成就文」の欲生心との対応部分です。いずれにしましても、願心と願生心の呼応性がここに示されていますけれども、親鸞聖人はこの「本願成就文」を非常に大切にされて、『教行信証』「信巻」の要所にこれを引用しておられます。欲生心の成就文については、「三一問答」の所で特に注目をして引用しておられます。

三、願生彼国、即得往生

一　親鸞聖人の領受

欲生心成就文について、親鸞聖人は、『一念多念文意』とか『唯信鈔文意』で釈義しておられます。成就文の「願生彼国即得往生住不退転」という教言について、懇切に解釈しておられるわけですけれども、注意されるのは、「住不退転」という語を「正定聚」という語に置き換えて表現しておられるということです。したがいまして、「願生彼国、即得往生」の意義について、親鸞聖人の領解をうかがうためには、何よりも「正定聚」との関係で見ることが必要となってくると思います。それで「正定聚」との関係でいいますと、「住正定聚」の後に「即得往生」があるのか、それとも「住正定聚」と同時に「即得往生」があるのかという問題があります。これについては、親鸞聖人には二つの表現があるようです。

「願生彼国」というは、「願生」は、よろずの衆生、本願の報土うまれんとねがえとなり。「彼国」は、かのくにという。安楽国をおしえたまえるなり。「即得往生」というは、「即」は、すなわちという、ときをへず、日をもへだてぬなり。また即は、つくという。そのくらいにさだまりつくということばなり。「得」は、うべきことをえたりという。真実信心をうれば、すなわち、無碍光仏の御こころのうちに摂取して、すてたまわざるなり。「摂」は、おさめたまう、「取」は、むかえとると、もうすなり。おさめとりたまうとき、すなわち、とき・日をもへだてず、正定聚のくらいにつきさだまるを、往生をうとはのたまえるなり。

（『一念多念文意』聖典五三五頁）

と、こういうように、『一念多念文意』では、この「願生彼国、即得往生、住不退転」の文を解釈しておられるわけです。この場合、「正定聚」の左訓に、「ワウジャウスベキミトサダマルナリ」とあることが問題になってまいりますけれども、しかし当面の文では、正定聚に住するところに往生があると述べられていると了解されます。また、この用例は、『愚禿鈔』で、善導大師の「前念命終、後念即生」（聖典四三〇頁）の文を解釈するところでも見られます。

そういう解釈が『一念多念文意』にあるわけですが、他方、別の例もあります。

浄土へ往生するまでは、不退のくらいにておわしまし候えば、正定聚のくらいとなづけておわします事にて候うなり。まことの信心をば、釈迦如来・阿弥陀来二尊の御はからいにて、発起せしめ給い候うとみえてそうらえば、信心さだまると申すは、摂取にあずかる時にて候うなり。そののちは、正定聚のくらいにて、まことに浄土へうまるるまでは、候うべしとみえ候うなり。

（『御消息集（善性本）』第四通、五九〇頁）

といわれます。浄土へ往生するまでは不退の位であるということですから、不退の位をえて、すなわち正定聚の位に入って、それから浄土へ往生するということです。この場合には、前後関係からいいますと、正定聚の位についた後に浄土へ往生するということがあることになります。

このように親鸞聖人の「即得往生」の理解をたずねる時に、本願成就文が非常に大切な意味をもってきますけれども、その解釈に、「正定聚の位に就くことが往生である」という場合と、「正定聚の位に就いて、しかる後に往生を得る」と表現される場合とがあることが注意されます。

伝統的には、往生は、「捨此往彼蓮華化生」（法然撰『往生要集釈』）といわれます。「この苦悩に満ちた娑婆界を捨て、彼の安楽国に生まれる。すなわち蓮華の中に化生する」というような意味であるかと思います。けれども、そういう「捨此往彼蓮華化生」という言葉、そういう伝統的領解からいたしますと、正定聚の位につくことをもって、往生といわれることは、大変に積極的な往生理解であるということができるかと思います。

二　即得往生の時節

即得往生が、正定聚に住することと同時にあるといいますと、思い起こされるのは、親鸞聖人が、「現生正定聚」といっておられることです。「信巻」の「現生十種の益」で、親鸞聖人は、十番目の益として、信の一念に、現生において「正定聚に入る」(聖典二四一頁)といっておられます。信心の利益として「入正定聚の益」を挙げておられるわけです。そうなりますと、正定聚に住することをもって往生するということになります。命終前に往生が実現するという思想が、導き出されてくることになるわけです。他方、正定聚に入ってから、しかる後に往生を得るということになりますと、やはり伝統的な往生理解、すなわち臨終の後に往生するという、そういう往生観に繋がってくるかと思います。

その点につきましては、私は、龍谷大学の内藤知康先生のようにきちんと整理して研究したことがありませんので、きちんとしたことを申し上げることができません。甚だ残念なのでございますけれども、ただ、列祖の教学を振り返ってみますと、これとて不十分なのですが、一瞥いたしますと、たとえば覚如上人と蓮如上人では、この「即得往生」の解釈について、些か表現の異なりがあるようにうかがわれるように思います。

覚如上人の往生観

覚如上人は、『口伝鈔』の中で、「体失・不体失往生の事」という故事を記録しておられます。親鸞聖人が、吉水におられたころに、はかりなき諍論が起こったというのです。親鸞聖人は、「念仏往生の機は体失せずして往生をとぐ」といわれた。ところが善恵房証空上人は、「体失して往生をとぐる」といわれた。これについて、法然上人からご意見をうかがったところ、

大師聖人源空のおおせにのたまわく、善信房の体失せずして往生すと、たてらるる条は、やがて、さぞど、御証判あり。善恵房の、体失してこそ往生はとぐれと、たてらるるも、また、やがて、さぞと、おおせあり。これによりて両方の是非わきまえがたきあいだ、そのむねを衆中よりかさねてたずね申すところに、おおせにのたまわく、善恵房の体失して往生するよしのぶるは、諸行往生の機なればなり。善信房の体失せずして往生するよし申さるるは、念仏往生の機なればなり。

（聖典六六五〜六六六頁）

といわれたということです。

体失しないでということは、体を失わない、つまりこの生存のままに往生すると親鸞聖人がいわれることは、これはもっともであるとご証判があった。それから、善恵房証空上人の、「体失して

こそ往生はとぐれ」とたてられるのも、また「さぞ」とおおせられた。これではどちらが正しいのか分からないということで、重ねて尋ねると、法然上人は、不体失往生の方は、「念仏往生の機」である。それに対して体失往生の方は、「諸行往生の機」であるといわれたのです。このような、法然上人の教えを受けて、覚如上人は、

諸行往生の機は、臨終を期し、来迎をまちえずしては、胎生辺地までもうまるべからず。（聖典六六六頁）

といわれ、それに対して、「念仏往生の機」は、

この穢体亡失せずといえども、業事成弁すれば、体失せずして往生すと、（聖典六六六頁）

と、このように受け止めておられるわけです。

また、この「体失・不体失」の他にも、それを示すような言葉が、いくつかあるようにうかがわれます。たとえば、

往生の心行を獲得すれば、終焉にさきだちて即得往生の義あるべし。（中略）そのとき摂取不捨の益にもあづかり往正定聚のくらゐにもさだまれば、これを即得往生といふべし。（『最要鈔』真聖全三、五二頁）

といっておられます。「終焉にさきだちて」ということは、命終の前に「即得往生」ということがありうるということです。そのように、『最要鈔』の中ではいっておられます。

また、『浄土真要鈔』を見ますと、

しかればすなわち、いまいうところの「往生」というは、あながちに命終の時にあらず、無始已来、輪転六道の妄業、一念南無阿弥陀仏と帰命する仏智無生の名願力にほろぼされて、涅槃畢竟の真因はじめてきざすところをさすなり。すなわち、これを「即得往生　住不退転」とときあらわさるるなり。「即得」というは、「すなわち、う」となり。「すなわち、う」というは、ときをへだてず日をへだてず念をへだてざる義なり。されば一念帰命の解了たつとき、往生やがてさだまるとなり。「うる」というはさだまるこころなり。

（『浄土真要鈔』聖典七〇四頁）

という言葉も、覚如上人には見られます。「即得往生」とは、現生に往生する、そういうことがありうると、覚如上人は示されているように思われます。

蓮如上人の往生観

覚如上人に対して、蓮如上人は、少し違うニュアンスで往生について述べておられるようにうかがわれます。たとえば、いろいろな言葉がある中で、アト・ランダムに引用させていただきますと、

平生業成というは、いまのことわりをききひらきて、往生治定とおもいさだむるくらいを、「一念発起住正定聚」とも、「平生業成」とも「即得往生住不退転」ともいうなり。

（『御文』一帖目第四通、聖典七六三頁）

とあります。これは『御文』の一帖目第四通です。あるいは、

聖教をよくおぼえたりとも、他力の安心をしかと決定なくは、いたずらごとなり。弥陀をたの

むところにて往生決定と信じて、ふたごころなく臨終までとおりそうらわば、往生すべきなり。

（『蓮如上人御一代記聞書』十一、聖典八五六頁）

これは、『蓮如上人御一代記聞書』にある文です。蓮如上人は、往生を「後生の一大事」としばしばあらわしておられますが、それは臨終重視の立場からいわれると思います。

すでに『歎異抄』第十五章には、

来生の開覚は他力浄土の宗旨、信心決定の道なるがゆえなり（中略）「浄土真宗には、今生に本願を信じて、かの土にしてさとりをばひらくとならいそうろうぞ」とこそ、故聖人のおおせにはそうらいしか。

（『歎異抄』聖典六三六〜六三七頁）

といわれています。蓮如上人は、この『歎異抄』を「当流大事の聖教」と仰いで大切にしておられるのですけれども、『歎異抄』の「来生の開覚は他力浄土の宗旨」という、そういう往生観を、蓮如上人はある意味で継承しておられるともいえるかと思います。『歎異抄』の著者、また覚如上人、そして蓮如上人、あるいはそれに前後する存覚上人、そういう方々において、この「即得往生」の教言がどのように領解されてきたのか。それにつきましては、やはり綿密な検証が必要です。しかし、私はまだこの問題については全く確かめておりません。別の機会にまた確認したいと思います。

三　近年における往生解釈の葛藤

「即得往生」の理解については、江戸時代の講録などもきちっと見てみれば、また多様な解釈の歴史があったと知られるのだろうと思います。たとえば、親鸞聖人の『尊号真像銘文』や『唯信鈔文意』、あるいは『一念多念文意』について講述した近世の宗学者の講録なども、その理解を深めるに違いありません。そういうテキストを通しながら、解釈の歴史を辿ってみるのも真宗学にとっては重要なことではないかと思います。

上田義文氏の往生観

ところで、この「即得往生」の問題が、論争的なトピックとして取り上げられるようになったのは、おそらく上田義文先生が「親鸞の往生思想」というタイトルで講演されたことが一つのきっかけになっているのではないかと振り返られます。上田先生は、この「親鸞の往生思想」という講義において、次のようにいっておられます。

正定聚の位につくことをも「往生をう」と云う思想は、非常に重要な、浄土教思想史における画期的な、思想を顕わしており、ある意味では親鸞の思想の核心がここに顕われているとも云える。現生において、生きているままで「往生をうる」ということは、インドから中国を経て、日本の法然に至るまで、未だかって云われなかったことである。

（「親鸞の往生思想」（1）『親鸞教学』13、一〇二頁）

と、このようにいわれています。この「即得往生」という思想は、親鸞聖人が開顕された新しい地平であるといわれ、これは現在に往生を得るという、そういう意味があるといわれるのです。すなわち、現生において生きているままで往生を得るのだと、このように受けとめられるわけです。上田先生のこのご講義は、大谷大学の真宗学会の機関誌である『親鸞教学』にも載り、大きな話題を呼んで、これが即得往生論争といわれるものの一つのきっかけになったわけです。

この講義が掲載されたのは、昭和四五（一九六九）年で、私はまだ修士課程の学生であった頃です。おそらく上田先生のこのご発表があったことも、一つの大きなインパクトとなったのでしょうか。それから二十年近く経って、岩波書店から出版された『岩波仏教辞典』の「教行信証」という項目のところ読んでいきますと、「この世で往生成仏を説いた」とか、あるいは「親鸞」という項目を見ますと、「他力信心による現世での往生を説き」というように記述されています。

この記述について、西本願寺の教学者の方々から、「果たしてこれが正しい親鸞の往生理解なのだろうか」ということで、岩波書店に「訂正していただきたい」と申し入れがあり、そして現在では一部併記になっているかと思います。

この問題につきましては、平成二（一九九〇）年に、仏教学者の中村元先生が主宰された仏教研究の学院である東方学院から出版された『東方』という機関誌に、この『岩波仏教辞典』の編集責任者として、中村先生が自らの立場を表明しておられます。この問題が論争というか、大きな波紋を投げかけたことが十分にうかがわれるわけです。

先程、西本願寺の教学者の方々から反論が出されたと申し上げましたが、たとえば、内藤知康先生は、宗門の官報である『宗報』で、『岩波仏教辞典』の親鸞聖人の往生観についての記事が誤っていると、縷々述べておられます。内藤先生の見解は、すでにご承知の通りでございます。ここに、一つの西本願寺（本願寺派）のお立場が表明されているものとうかがわれます。本願寺派の場合は、「安心論題」というものがあり、それがある程度基本になっているようです。内藤先生のお話を伺いますと、『新編安心論題』ですか、そういう問題集があるのだそうです。それがいわば本願寺派の立場の正式な了解を示しているようです。宗門が安心について、一つの規範というものを示すというのは、こちらの伝統としてあるようでございます。

ただ、西本願寺の教学者の方々の中にも、この宗門の公式な了解とは違うのではないかと思われる立場を表明されている先生もおられます。たとえば、信楽峻麿先生は、「親鸞聖人の現世往生の思想」について、次のようにいわれています。

すなわち、親鸞は、浄土教の伝統において、長く来世死後における浄土往生の益として語られてきた正定聚、不退転位に入ることを、現世今生における信心の勝益として領解したのである。もとより親鸞も、時には伝統的解釈を踏襲して、正定聚を来世の益と捉え、「またすでに往生をえたるひとも、すなわち正定聚にいるなり」（一念多念文意・真聖全二の六〇七）と明かす場合もあるが、全体的には、つねに伝統的解釈を超えて、それを現生の利益として領解しそのように主張したのである。

（『親鸞における信の研究』下巻「親鸞における現世往生の思想」八三五〜八三六頁、永田文昌堂）

と、いわれています。本願寺派におきましても、往生についての解釈は必ずしも一つではないのではないかとうかがわれます。

内藤知康氏の往生観

この現世往生という見解、あるいは先程の『岩波仏教辞典』、さらに遡れば、上田義文先生の「現生正定聚＝往生」の了解につきましては、内藤先生がたくさんの論文をお書きになっておられます。親鸞聖人には「現世往生」という語はありませんし、「現生往生」という語もないわけです。それらの言葉が示す、往生理解が誤っていると、内藤先生は指摘しておられます。

これをまとめてみると、一、宗祖には「信心をうればすなはち往生すといふ」など、「現世での往生」を説かれたと解釈できるお言葉があるが、この「往生」は、入正定聚・住不退転の意味であり、浄土往生の意味ではない。二、宗祖は、入正定聚・住不退転を往生と言い換えられたのではなく、経文の「即得往生」という言葉を、信一念同時に入正定聚・住不退転の利益をうる意味であると解釈された。ということになろう。

（『中央仏教学院紀要』第7号四五頁）

と、このように述べておられます。私が、断章取義というのでしょうか、一知半解というのでしょうか、この一文のみ、その個所だけ引っ張り出して、「これが先生のお立場だ」などというのは、甚だよろしくないことだろうと思いますけれども、皆さま方は龍谷大学の大学院生の方々が多いわけですし、先生のご見解についてはよくご存じだと思いますので、こういうように内藤先生が示しておられるということだけを挙げておきます。

紅楳英顕氏の往生観

いずれにしましても、文献をきちっと読むことが本当に大切だなあということを、内藤先生の論文に接して、改めて感じています。さらに紅楳英顕先生は、おそらく内藤先生のお立場に同意されたのでしょうか、次のように述べておられます。

親鸞が本願成就文の「即得往生」の「往生」を「正定聚の位にさだまること」と釈したのは、「現世に正定聚の位にさだまること」が「現世に浄土に生まれることである」と主張しようとしたのではなく、ここの「即得往生」とは、「現世に此土で正定聚の位にさだまり、浄土に生まれることがさだまること」であると主張しているのである。

（「親鸞おける往生の問題についての私見」『親鸞の仏教』一五三頁、永田文昌堂）

というようにいわれています。「即得往生」という語は、『大経』の本願成就文の言葉に、そのように述べられているわけですけれども、それは現世に浄土に生まれるということではなくて、正定聚の位に定まるということの方にむしろポイントがあるのだということです。そのように、親鸞聖人の言葉は解釈できるであろうということです。ですから、浄土に生まれることが定まるということが「即得往生」の意味で、そのまま浄土に往生することではないのだというご了解です。

寺川俊昭氏の往生観

以上、上田先生・信楽先生・内藤先生・紅楳先生、それぞれ本派の先生方の了解をうかがってみました。粗雑な概観ですので、もし誤りがあったら、お許しください。一方、大谷派の方では、寺川俊昭先生がおられます。寺川先生も非常にこの問題については関心を寄せられて、折に触れて言及しておられます。寺川先生のご了解については、また、先生のご著書を拝見して頂ければ有難く存じます。一例を挙げますと、たとえばこういっておられます。

信心を獲れば正定聚の身となる。そして必ず滅度すなわち無上涅槃の証りに向かって生きていくという、意味深い人生が始まり、生きられていくのだけれども、それを『無量寿経』は「往生を得」と教えてくださっている、こういうご解説です。（中略）親鸞聖人は正定聚を往生だと主張なさるのではないのです。『無量寿経』がそう教えてくださっているのである。その『無量寿経』の仰せのままに、「これが往生なのか」といただくばかりである。

（『往生浄土の自覚道』一〇〇～一〇一頁、法藏館）

といわれています。親鸞聖人は、正定聚を往生だといっておられるわけではなくて、『無量寿経』の「即得往生」の法語に感動して、その感動を、「なるほど、『無量寿経』は、そう教えてくださっているのか」というように受け止められた。これが、『一念多念文意』などの法語に表明されているのであると、こういわれているのです。寺川先生は、往生という事柄を、信心の自覚に開かれる私たちの人生と切り離さないで捉える、そういう一貫した立場があります。たとえば、寺川先生の初期のご著作の中で『親鸞のこころ』という本があるのですが、その中では、

仏道としての往生道を確信した親鸞が、力を尽くして明らかにしたのは、やはり現生正定聚をその内実とする自覚道であったのである。本願の信によって現生に正定聚不退転という意味をもった人生を生きること、それを親鸞は「真実報土の往生」と呼んだのであった。

（『親鸞のこころ』二〇四頁、有斐閣新書）

といわれています。ここには「往生道」という言葉で、往生を表明されています。そういう意味では、往生道という、往生を「点」としてとらえるのではなくて、「線」としてとらえていくという、一つの立場が示されています。数学的には、線は、点の集合なのかもしれません。ただ、点的往生理解に止まらないで、線的往生理解といいましょうか、そういうように往生というものを了解していく。それがこの「往生道」という言葉に寺川先生がこめられた意味なのではないかと思います。いわば、獲信、信心を獲るところに開かれてくる人生、これを「往生の一道」ととらえて、そこに「即得往生」という教言の意義を見出されようとしているのです。そういう立場が、一貫して寺川先生にはあろうかと思います。

櫻部建氏の往生観

大谷派でも、もちろん、寺川先生の説に賛同しない学者もおられます。著名な仏教学者である櫻部建先生は、文献学の立場からといってよいのかと思いますが、親鸞聖人の往生観について、自らの見解を次のように披瀝しておられます。

「正定聚のくらゐにさだまるを往生をうとはのたまへるなり」とは、正定聚に定まるのがただちに往生だというのではなく、往生を得ると経文にいわれているのは正定聚に定まるという意味なのだというに過ぎない。そう考えればこれらの文は理解し易いし、そう考えなければ他の個所での聖人のことばと、しばしばあまりに矛盾する。往生を彼土に生まれることとして語りあるいは命終ののちのこととして語る言葉遣いは和讃・仮名聖教・消息類を通じて少なくなく、一々挙げる要もない。

（「祖師聖人の往生観をめぐって—寺川説の検討—」『真宗研究』第43輯、一五四頁）

これは、『真宗研究』という真宗連合学会の機関誌に載りました論稿の、その一節です。櫻部先生がいわれるように、命終をもって往生という例は、確かに親鸞聖人には非常に多くみられるわけですから、そういう視点からみると、この「即得往生」という親鸞聖人の領解は、非常に例外的・特殊的なものに見えます。そこから、このような反論が出されてくるのだと思うのです。

ただ「即得往生」という語そのものに焦点を当ててみますと、繰り返すようで恐縮ですが、この教言を、親鸞聖人は、とき・日をもへだてず、正定聚のくらいにつきさだまるを、往生をうとはのたまえるなり。

（『一念多念文意』聖典五三五頁）

と、このように釈しておられます。この釈義は、やはり非常に重要な教示だと思うのです。この釈義を、例外的・特殊的な用例だからということで、すべて命終後、死後のところにもっていって、往生を理解すべきなのかどうか。これは検討しなければいけないだろうというように思います。

四、願生者に感知せしめるもの—解釈の展開—

一　信後の風光

いわゆる、大谷派の近代教学のなかには、「往生」を、獲信後の風光といいますか、精神生活の内景といいますか、そういうようにとらえる一つの傾向があります。

清沢満之先生の往生観

近代の仏教者である清沢満之は、重い結核に罹り、四十歳の若さで夭折したわけですけれども、そういう生死の苦しみを体験する中で、信心の喜びを抱いて、そして人生を正面から受け止めて生き切っていかれました。その苦難の人生を、けっして逃げることなく、生き切っていくという、その力の湧き上がってくる根源に、他力の信念・信心ということがあるわけです。

その自分の心境、心の情景について、「絶唱」ともいうべき「親鸞聖人の御誕生会《え》に」、いわゆる『他力の救済』という詩の末尾の所で、次のように詠っています。

嗚呼、他力救済の念は、能く我をして迷到苦悶の娑婆を脱して、悟達安楽の浄土に入らしむるが如し。我は実に此念により、現に救済されつゝあるを感ず。若し世に他力救済の教なかりせば、我は終に迷乱と悶絶とを免かれざるべし。

（『他力の救済』『清沢満之全集』第六巻、三二九頁、岩波書店）

と。彼の心境の告白ですが、ここに他力救済の念、つまり他力の信心の実感が述べられています。「迷到苦悶の娑婆を脱して、悟達安楽の浄土に入らしむるが如し」であると、こういわれているのです。この一節は、じつは、雑誌『精神界』に載っている文章ですと、「嗚呼他力救済の念は、能く我をして、迷到苦悶の娑婆を脱して、悟達安楽の浄土に入らしむる」と記されています。この『他力の救済』を載せた「精神界」は、明治三六（一九〇三）年の六月一〇日に発行されているわけですけれども、そこでは「迷到苦悶の娑婆を脱して、悟達安楽の浄土に入らしむる」というようにいい切っているのです。それは、おそらく『精神界』の編集者が手を加えたのではないかと思うのです。

ところが清沢先生の自筆原稿を見ますと、「嗚呼、他力救済の念は、能く我をして迷到苦悶の娑婆を脱して、悟達安楽の浄土に入らしむるが如し」と、「如」の字が入っているのです。「如し」という字が、やはり非常に重要なのではないかと思うのです。浄土に往った、というのではなくて、「入らしむるが如し」ですから、あたかも往ったようである。しかしもう浄土を体感するといいましょうか、信知するといいますか。この「如」という一字があるかないかで、大きな違いがあります。このことは、清沢先生の「現在安住」という自覚と重なってきます。有名な「現在安住」という語の宗教的自覚の背景には、現生不退とともに、「浄土に入らしむるが如し」という信知があるのです。

曾我量深先生の往生観

清沢満之先生の浩々洞の門下の一人に、曾我量深先生がおられます。曾我先生は、往生について、さまざまに述べておられますが、たとえば、次のようにいわれます。

信の一念に往生は決定する。往生が決定するというのは、つまり、往生というのは生活でありましょう。生活が決定する。新しい生活がそこに始まる。それを往生というのでございます。

（『正信念仏偈聴記』『曾我量深選集』第9巻、七五頁、弥生書房）

つまり、信の一念に往生が決定し、そこに新しい生活が始まる。その決定往生して始まった新しい生活全体を、「往生」といってもよいのではないかと、そのようにいわれているのです。また別なところでは、往生の「往」とは、「前向きに往く」のである。それから「生」とは「生まれる」という意味もあるけれども、「生きる」という意味もある。だから、往生とは、「前向きに生きていく」と了解してもよいのではないかということまでもいっておられます。

金子大榮先生の往生観

一方、金子大榮先生は、ややニュアンスが異なりまして、往生は未来であるという立場を堅持しながら、

いうまでもなく阿弥陀仏は南無の心に内在し、彼岸の浄土は願生者に即得往生を感知せしめる。されどその内在こそ超越によりて成立するものであり、浄土を死の帰するところに期してこそ即得往生の喜びもあるのである。（『聞思室日記』八三頁、在家仏教協会）

と、こう述べておられます。この「即得往生の喜び」という言葉をうかがいますと、親鸞聖人が『一念多念文意』の中で、「うべきことをえてんずと、かねてさきよりよろこぶこころなり」（聖典五三五頁）といわれる、そういう信仰の喜びに、即得往生の語が重ねられて了解されているともいえるように思います。金子先生は、別のところでは、

かくて来世の往生、それが現在安住の根拠になるのではないでしょうか。未来往生を拒否しては現在安住がなく、未来往生という立場にたって、はじめて現在安住というものが感じられてくるのであるといいたいのです。

法然上人のお言葉にもあるように、それまでは往生ということは来世であります。宗祖聖人に至ってはじめて、現生不退となったのだということは、真宗教学において繰返されていること

とでありますが、今まで来世往生といったことを拒否し、否定して現生不退というのではなく、むしろ逆に、来世の往生ということがあって、はじめてそこに現生不退が成り立つのでありま す。未来往生という時間的な、永遠の場ができなければ、現生不退ということもでてこないでしょうし、又現在安住ということもでてこないでしょう。（『往生と成仏』一七三頁、法藏館）

と、いわれます。曾我先生は、「往生は心に、成仏は身に」といわれて、非常に人々の共感を呼んだわけですけれども、金子先生は、「信心の人はその心すでに浄土に居す」（『御消息集（善性本）』五、聖典五九一頁）という祖語を大切にしておられるように思います。未来往生の念に立ちつつ、現在安住という、この信仰の喜びということが、やはりあるかと思います。

このような信仰によって得られる一つの心の開けといいますか、新しい精神生活といいますか、そういう事柄もまた「往生」という言葉の中に含めていく。そういうことを、近代の大谷派の教学者の方々は異口同音にいっておられるように思います。

二　解釈学的問題の現前

時代相応の教学

清沢・曾我・金子の三師の往生観についての言説を一瞥いたしましたが、それぞれニュアンスの違いはあれ、往生を現在の信の事実と切り離さないで見るという点では、共通しているといえるように思います。親鸞聖人のそれに関わる言説と照応させて、文献学あるいは書誌学の立場から厳密に見ていくとき、往生という事柄を現在の上にいただいていくという解釈は、あるいは問題が残るのかもしれません。ただ「往生」という問題を、信仰と切り離さずに見ていく時、「往生の一道」として現在に往生を見ていくという立場もありうるかと思います。この近代大谷派の諸先学、いわゆる近代教学の立場に立つ方々、曽我・金子両師の薫陶を受けた松原先生から、学生時代に教えをいただいた私も、その末輩であると自分では認じているのですけれども、「往生」という事態を現在にまで引き寄せて見ていくということになります。

こういう立場について、曽我先生は、このようなことをいっておられます。

私の言葉などは多少お聖教のお言葉を拡大して解釈しておるものと言わなければならぬと思うのでありますけれども、しかしながら、如来の思召しと、また御開山聖人の本当の思召しと、そういうものを案ずるときになれば、今の時代には、やはり拡大して解釈するということはこれは止むを得ないことではなかろうかと、こう私は思う。「お前の言うことはお聖教と違う」と、それはあるいは違うのであろうと思いまするけれども、これは今の時代にはですね、今の時代には、やはり私どもは、往生ということを一つの生活であると、「信心生活」というものを往生と言う、と。

（『往生と成仏』『曽我量深選集』第12巻、二二一頁、弥生書房）

時機相応の往生の解釈があってもよい、むしろあるべきなのではないだろうかといわれるのです。教相の混乱は避けるべきであっても、親鸞聖人のいわんとされた意を体して、積極的に表現すべきだと、そういうのが曾我先生の立場です。

先刻、龍谷大学のある先生と雑談していたのですが、「曾我先生の立場は尊重に値いします」といわれる一方、ただ、「現生正定聚といえばよいのではないですか。何も往生とまでいわなくてもよいのではないですか」と、こういわれるわけです。つまり「親鸞聖人が使わない用例の言葉を用いてまでいわれる必要はないのではないでしょうか」ということです。「曾我先生のは、一つのご解釈ですから、それは非常に尊敬します」と、同時にその先生は言葉を付け加えておられました。

ただそうすると、どうなのでしょうか。「往生」をすべて死後のところに持っていって、「正定聚」という語だけを使うというようなことになるのでしょうか。覚如上人などにも、現在的な往生の了解もあるわけです。「正定聚」という語を用いるというのも、言葉として、この語は、何かスッと心に入ってこないものがあります。私自身は、文献学などをきちんと学んだ者ではないですから、「文献学的にみて、その用例は正確ではない」といわれれば、必ずしも反論はできないのですけれども、ともあれ「解釈」という問題がそこに出てくるかと思います。

解釈学の争い

私たちは「解釈」という問題に直面する時に、いろいろな立場を採ることになります。たとえば憲法の解釈におきましても、いろいろな立場が表明されてくるわけです。『日本国憲法』第九条の「戦争の放棄、戦力の不保持、交戦権の否認」という条文の解釈がいろいろな解釈を呼ぶ。あるいは、「もういっそ第九条をなくしてしまえ」というような改憲論も公に出てきています。場面は異なりますが、真宗の方では、ひところ、「宿業」という言葉が、差別に絡んで問題になったことがありました。その時に、ある方などは、「宿業という語はもう廃止してしまえ」と提言されました。そういうびっくりするような、「宿業廃止論」という主張すらも出たことがあるのです。

しかし、そういうような言葉の消去などはできるのでしょうか。仏教の場合には経典とかの、あるいはキリスト教であれば聖書などの、ある言葉の解釈をめぐって、いろいろな立場が表明されてきたわけです。親鸞聖人は、極めて大胆な解釈を随所に展開された方です。そして、そういう仏教理解において、仏教の新しい地平が開かれてきたという歴史の事実があります。宗教においては、信仰の立場と文献読解の立場が、緊張的な関係にあります。信仰的な立場あるいは体験的な立場から解釈することがある一方で、書誌学的な立場あるいは文献学的、学問的な立場から解釈するということもあるわけです。その二つの解釈的な立場というものが、緊張関係にあるということは、私は非常に重要なことだと思います。体験主義に陥るのはよいと思いませんが、一方、文献主義に偏るといいますか、そういう立場に陥るのもよいとも思えません。やはり主体的な立場と客観的な立場の双方が、一つの緊張関係を保つことにおいて、初めて本当の創造的な解釈が出てくるのではないかと思います。

そういうことを、つらつら考えます時に、近代のヨーロッパの解釈学の伝統、ただし、これについては私は不案内なので、見当はずれなことをいうかもしれませんが、たとえば、ポール・リクールというフランスの現代の解釈学者の見解に何かしら示唆を受けるような気がします。この方はプロテスタントの人で、聖書の解釈学などに、戦後、非常に重要な役割を果たしている、あるいは果たしてきた思想家であるといわれています。そのポール・リクールのいっていることを、久米博先生が分かりやすく解説しておられます。ポール・リクールには『フロイト論』という著作があり、その中で「解釈学の争い」ということをいっています。この本で、リクールは、精神分析学者のフロイトについて論じているわけですが、その解釈学の立場について、久米先生は簡潔に説明しておられます。

さて、リクールは解釈学を二つに分類する。一方は「還元的解釈学」であり、他方は「回復的解釈学」である。(中略)リクールはこの二つの解釈学を「解釈学の争い」として捉え、論じるが、それは両者いずれにも正当な根拠を認めつつ、その止揚をはかろうとするためである。

(『象徴の解釈学』五三頁、新曜社)

と、いっておられます。還元的解釈学について、リクールが問題にしているのは、フロイトとかマルクスとかニーチェとか、そういう人です。一方、回復的解釈については、実存主義的な解釈学の立場にあるハイデッガーとかリクール自身の名が挙げられています。還元的解釈学と回復的解釈学。この二つの解釈学の立場を、いま勝手に私たちの真宗学の分野に置き換えてみますと、たんなる解釈の違いではなく、解釈学の違いがあるわけです。その場合、文献に厳密に沿って解釈していく方向を、たとえば還元的解釈学ととらえる。そして他方、主体的に信仰的な立場から解釈していく方向、これを回復的解釈学ということができます。この二つの方向、すなわち文献そのものに則ってきちっと読解していく方向と、そしてまた自分の体験に則しながら解釈していくという方向。この二つの方向が、緊張関係を孕みながらきちっと統合された時に、本当の意味での創造的な解釈が出てくるのではないかと、このように思うわけです。

そういう意味では、私自身、これから「往生」という言葉だけではなくして、ほかの語についても、解釈学の方法などにも示唆を受けながら確かめてみたいと思います。真宗には、基本語といわれるものが随分たくさんあります。「浄土」もその一つ、「往生」もその一つ、「回向」もその一つ、「宿業」もその一つ、「信心」もその一つで、たくさんあります。そういう意味で、私自身、たとえば英語で真宗の概念を説明しようとする時、いろいろな問題にぶつかるわけですけれども、そういう場合に、やはり解釈の基本的な立場が考慮されるべきではないかと、つくづく思うことです。

ちょっと時間が超過いたしましたけれども、一応私の話を終らせていただきます。

質疑応答

質疑　先生、こんにちは。真宗学科の二回生の王と申しますけれども、先程の内藤先生のレジュメなんですけども、A〈唯現生往生説〉・B〈唯当来往生説〉・C〈往生両義説〉の中で、大谷派においてはどれを重視するのでしょうか。あるいは両方とか、そういうものがございますでしょうか。

応答　まず大谷派には、数学解釈の一々の問題について、「大谷派の見解」という代名詞がないのです。東本願寺が公式な見解を出しているということもございません。先程申しましたように、大谷派には「安心論題」のようなものがない。「これが当派の見解です」というようなことはありません。そこらへんが宗風の違いというのでしょうか。しかし戦前には、確かに異安心問題というのはありました。ただ、異安心、宗義違反として、教壇から一度は追放された金子先生でも曾我先生でも、再び教壇に返り咲いてきているという事実もあります。宗義の解釈について、どれが正しいと宗門が決めつけるというのではなくして、それぞれの方々において受け止めていくということがあります。そういう意味においては、「大谷派においてはどれを重視するのでしょうか」というご質問にはちょっとお答えできないと思います。「私がどの立場です」ということは、ある程度いえるかとは思いますけれども。よろしいですか。

質疑　すいません、先生ご自身は。

応答　そうですね。〈往生両義説〉かな。あえていうと。しかしどうでしょう。私自身は、「説」の中に自分を組み込んで、固定化してしまうっていう発想が、あまり好きではないです。自分自身としては、教学というものを柔軟に考えたいですから。

質疑　はい、ありがとうございます。ではもう一つの問題で、曾我先生の理解なのですけれども、大谷派の方では、鈴木大拙先生の『教行信証』の英訳は「信心」を何か「life」とかそういう「生活」という英訳をされたのですが、それには曾我先生の影響があるということがございますでしょうか。

応答　鈴木先生は、英訳『教行信証』で、「行」を「living」と翻訳されました。これについては、その影響がどなたからあったのか、あるいはなかったのかは、直接的には分からないです。ただ、大拙先生が『教行信証』を英訳なさった時期は、宗祖親鸞聖人の七百回御遠忌法要の時と重なったわけです。その御遠忌法要の記念行事として、金子大榮先生・曾我量深先生・鈴木大拙先生が京都会館で講演されたのですけども、その講演の中で曾我先生は、「信に死して願に生きよ」という講題でお話されたのです。その講演を大拙先生が喜ばれたと聞いております。「信に死し願に生きる」という、その「生きる」というところに「life」あるいは「living」ということが出てきた。いまのご質問でいわれた、「信心生活」というようなこともあったのだろうと思います。

ただ、大拙先生は単純ではないです。浅原才市さんなどの妙好人の信仰生活を非常に喜んでおられて、「あれが行だ」というふうにいわれておるところもあります。それから「life」というものをベースにして、行を「living」といわれた。「ing」にしているわけです。これはつまり「行」というものははたらきがあって、「-ing」形を使われるわけです。それから「証」についても、「realizing」というように「ing」を使われてはたらきをあらわされているのです。「life」は、「命、生活、人生」ですが、「life」だけではなくて「living」といわれる。つまりはたらきを大切にされます。他の例では、たとえば禅でいう「真空妙有《しんくうみょうう》」という言葉を大拙先生は「真空妙用《しんくうみょうゆう》」と言い換えられているのです。「妙が有る」を「妙が用《はたら》く」というようにダイナミックなものがらとして言い換えられているのです。「はたらきがある」というのを非常に重視された。そういう意味においては「life」も「living」と置き換えられた。それで、つまりこの大拙先生の場合は「immeasurable life」（無量寿）がはたらいてくるという、そういう信仰的なダイナミックな無量の命のはたらきという、そういうものを表明したともとらえられるのです。それについては、英訳『教行信証』のために大拙先生が準備した未完の「序文」（"*The Eastern Buddhist*" 1973所収）があります。その中で、「be と becoming」について触れています。その序文のところにだけ載っているのですけれども、「being は、becoming だ」といわれて、「有」というものと「用」というはたらきを非常に重視されているのです。ですから先程あなたは「曾我先生の影響」とおっしゃられましたけれども、それもありうると思いますけれども、大拙先生は大拙先生ご自身の一つの境地ですから。それを踏まえて英訳されているわけですから。ちょっと単純にはいえないのではないかと思います。

収載論文講演・初出一覧

真宗の教相を学ぶ—真宗の大綱—
講演　真宗大谷派伝道講究所、二〇〇八年四月
初出　『教化研究』第一四八号（真宗大谷派教学研究所）、二〇一〇年六月

信の動態
講演　龍谷大学真宗学会、二〇〇八年一一月
初出　『真宗学』一二一号（龍谷大学真宗学会）、二〇一〇年三月

浄土の大菩提心—受動の信から能動の願へ—
講演　高倉会館日曜講演、二〇一〇年三月

信の構造—『教行信証』「化身土巻」の視角から—
講演　真宗大谷派九州教学研究所公開研究会、二〇一〇年四月
初出　『衆会』一五（九州教学研究所）、二〇一〇年六月

願生浄土―往生の信心―

講演　龍谷大学大学院真宗研究会例会、二〇〇七年七月（原題「願生浄土―往生道の開顕―」）

初出　『真宗研究会紀要』第四十号（龍谷大学大学院真宗研究会）、二〇〇八年三月

あとがき

二〇一一（平成二三）年、真宗各派では、親鸞聖人七百五十回御遠忌法要が厳修されました。筆者の所属する真宗大谷派では、この法要に先立って、

宗祖としての親鸞聖人に遇う

という御遠忌テーマが掲げられました。このテーマは、〝宗祖親鸞聖人に還れ〟〝立教開宗の精神に戻れ〟という願いを内に秘めた標語でした。

申すまでもなく、宗祖親鸞聖人の立教開宗の精神を表す根本聖典は、畢生の大著『教行信証』（顕浄土真実教行証文類）です。その意義について、近代真宗の先覚者である清沢満之先生は、

我が真宗の宗義は載せて立教開宗の聖典たる広本六軸の中にあり。その文炳として日星の如し。

（「貫練会を論ず」・明治三十年十月二十九日発行『教界時言』第十二号社説）

といわれます。近世以来、真宗の学事は、列祖教学、すなわち覚如、存覚、蓮如などの祖師の教学を学ぶことが前提とされ、覚存二師、あるいは蓮師のレンズをくぐる教相の学びが重視されました。これに対して清沢先生は、改めて、広本六軸（『教行信証』）こそ、宗義の基礎となるものであり、宗学は、それを明らかにする役割を果たすためにあるという一点を明確にされたのです。

しかしこのような確認は、必ずしも共有されることがありませんでした。そういう状況の中で、一九五六（昭和三一）年に『宗門白書』を起草した宮谷法含氏は、親鸞聖人七百回御遠忌を迎えるにあたり、『白書』の中で、

宗祖に還れ。弘願真宗こそ如来出世の本懐である。親鸞教こそ四生の終帰であり、万国の極宗であり、人心の畢竟依である。信に迷い行に惑い、悪重く障り多き凡夫人が即時即刻、開明正定人となる大道こそ、聖人の浄土真宗である。

と、聖徳太子（『十七条憲法』二）、親鸞聖人（『教行信証』総序）の指教を振り返って、宗門存立の由来を確かめ、その歩むべき道を力強く告示されました。東京巣鴨に開学した真宗大学の学窓に学んだ宮谷氏は、「宗祖に還れ」という言葉のもと、先師が開いた方向性を踏襲し、清沢満之、曽我量深、金子大榮と続く近代教学の路線を宣揚されたのです。

先の「親鸞・信の構造」（二〇〇四年、法藏館刊）に続いて、「親鸞・信の教相」というタイトルで上梓されたこの著は、近年の筆者の学びの一端を披瀝したものです。「親鸞」の名を敬称ぬきで冠することは、分を過ぎたようにも思われますが、〝宗祖親鸞聖人に還れ〟〝立教開宗の精神に戻れ〟という先師の願いにいささかでも呼応し、親鸞聖人の宗義開顕の意義を尋ねようとするものです。

本書では、とくに「信の教相」にスポットを当て、ご縁をいただいていくつかの場所で講じた拙論を収録しました。教相とは、「教えのすがた。釈尊が一代に説かれたもろもろの教えの説相」（中村元『仏教語大辞典』）を意味しますが、真宗において、とくに『教行信証』は、親鸞教学の教相を

表した立教開宗の本典と仰がれます。これについて覚如上人は、
親鸞聖人、一部六巻の書をつくりて『教行信証文類』と号してくわしくこの一流の教相をあらわしたまえり。
（『教行信証大意』）
と述べられています。すなわち『教行信証』は、三序四法六巻といわれるように、総序・別序・後序の三つの序文、教・行・信・証の四法、そして真仏土・化身土の二門によって構成された真宗教相の書です。『歎異抄』を「安心《あんじん》第一の書」と呼んで尊重された清沢満之先生の顰《ひそ》みに倣えば、『教行信証』は、「教相第一の書」と呼ぶことができます。

安心と教相は、真宗仏道における二大支柱です。一方が欠けても真宗の仏道は成立しません。教相の鏡に照らされない安心は恣意的であり、安心という主体的契機を伴わない教相の探究は観念的です。筆者は、私たちの信心の鏡となる教相の意義とその内実を、『教行信証』を主軸として、これまで僅かながら尋ねてきましたが、その跡を記し、ご批判を仰ぐとともに、今後の歩みの糧となることを願って、本書を公刊する次第です。

本書の刊行にあたっては、法藏館編集部の満田みすず氏から格別のご配慮をいただきました。ここに記して謝意を表します。

二〇一二年六月二二日　師父・慈教院釈良英の三年忌に

安冨信哉

安冨信哉（やすとみ　しんや）

1944年　新潟県村上市に生まれる。
1967年　早稲田大学第一文学部英文学専修卒業。
1973年　大谷大学大学院博士課程真宗学専攻単位取得退学。
1985年　ウィスコンシン州立大学（マジソン）仏教学科客員研究員。
現　在　大谷大学大学特別任用教授。博士（文学）。
光済寺住職。東方佛教徒協会（EBS）事務局長。

著　書　『親鸞と危機意識』（文栄堂書店，1991年，新訂増補，2005年），『清沢満之と個の思想』（法藏館，1999年），『教行信証への序論―総序を読む―』（東本願寺出版部，1999年），『選択本願念仏集私記』（東本願寺出版部，2003年），『親鸞・信の構造』（法藏館，2004年），『真実信の開顕―教行信証「信巻」講究―』（東本願寺出版部，2007年），『唯信鈔講義』（大法輪閣，2007年），『聞―私の真宗学―』（文栄堂書店，2009年），『近代日本と親鸞―信の再生―』（シリーズ親鸞９，筑摩書房，2010年）
編　著　『清沢満之集』（岩波文庫，2012年），『清沢満之―その人と思想―』（共著，法藏館，2002年），"Rennyo and the Roots of Modern Japanese Buddhism"（共著，Oxford University Press，2006）

親鸞・信の教相

二〇一二年六月二二日　初版第一刷発行

著　者　安冨信哉
発行者　西村明高
発行所　株式会社　法藏館
京都市下京区正面通烏丸東入
郵便番号　六〇〇-八一五三
電話　〇七五-三四三-〇〇三〇（編集）
〇七五-三四三-五六五六（営業）

装幀者　小林　元
印刷・製本　亜細亜印刷株式会社

ISBN 978-4-8318-8713-9 C1015